LLÊN GWERIN MEIRION

Llên Gwerin Meirion

gan

William Davies

Detholiad o'i waith buddugol yn Eisteddfod
Genedlaethol Blaenau Ffestiniog, 1898,
wedi'i olygu a diweddaru ei orgraff gan:

Gwyn Thomas

Diolch i'r canlynol am gymorth:
Gareth Jones, Pwllheli
(casgliad o luniau Ernest Jones o'r Eisteddfod)
Sarah Down-Roberts, Aberystwyth
(gwybodaeth am archifau William Davies ac awdur
traethawd M.A. 'Bywyd a Gwaith William Davies, Tal-y-bont')

Argraffiad cyntaf: 2015

Rhif rhyngwladol: 1-84527-528-0

Llun clawr a lluniau tu mewn: Eisteddfod 1898
o gasgliad Ernest Jones (drwy garedigrwydd Gareth Jones)
Cynllun clawr: Sion Ilar

Cyhoeddwyd gan Wasg Carreg Gwalch,
12 Iard yr Orsaf, Llanrwst, Conwy, LL26 0EH.
Ffôn: 01492 642031 Ffacs: 01492 641502
e-bost: llyfrau@carreg-gwalch.com
lle ar y we: www.carreg-gwalch.com

Argraffwyd a chyhoeddwyd yng Nghymru.

Cynnwys

Rhagymadrodd

Os oes gennych chwi gopi o drafodion Eisteddfod Genedlaethol Blaenau Ffestiniog (1898) y mae gennych drysor, a hynny'n bennaf oherwydd un cyfraniad ynddo, sef eiddo William Davies ar 'Lên Gwerin Meirion'. *'It is one of the best collections of the kind that I have ever read',* meddai beirniad y gystadleuaeth, Yr Athro John Rhŷs ond gan nodi, yn hollol gywir, nad ydi pob peth ynddo'n unigryw i Feirionnydd. Y mae William Davies yn un a ddylai gael ei gydnabod am y gwaith arwrol a wnaeth ar lên gwerin, ac eto prin iawn ydi'r rhai sydd wedi clywed sôn amdano. Fe roddir ychydig fanylion amdano yma, manylion yr ydw i'n ddyledus amdanynt i un arall o arwyr astudiaethau ar lên gwerin, sef Robin Gwyndaf, a'r fyfyrwraig y bu o'n arolygu ei gwaith, Sarah J. Morgan: ysgrifennodd hi draethawd M.A. ar 'Bywyd a Gwaith William Davies' (1993) yng Ngholeg y Brifysgol, Aberystwyth.

Ganwyd William Davies o Dal-y-bont, Ceredigion yn 1851, a bu farw yn 1939. Yr oedd yn fachgen darllengar, ond mewn un ysgol yn unig y cafodd ei addysg, sef Ysgol Brydeinig Tal-y-bont. Er hynny, y mae'n debyg iddo fynd, am gyfnod, i'r Coleg Normal ym Mangor gan fwriadu bod yn athro, ond ni chwblhaodd ei gwrs yno am ei fod, y mae'n debyg, yn hiraethu am ei gartref. Daeth adref i fod yn gigydd gyda'i frawd hynaf, David. Bu'n weithgar yn ei ardal, ac yn aelod ffyddlon yn Bethel, capel yr Annibynwyr yn Nhal-y-bont, lle bu'n organydd am flynyddoedd.

Gŵr gwylaidd ac anymwthgar ydoedd, ond yr oedd yn gystadleuydd brwd ar gasglu llên gwerin mewn amryw byd o eisteddfodau – ac yr oedd yn gasglwr a threfnydd defnyddiau llenyddol hefyd. Yn ôl Sarah J. Morgan: 'Gellir casglu oddi wrth lawysgrifau William Davies mai'r eisteddfod oedd ei unig gyfrwng'. Y mae corff y gwaith a grynhodd William Davies yn syndod, yn enwedig o gofio ei fod wrth ei waith fel cigydd bron bob dydd. Y mae'n enghraifft o un o'r amaturiaid hynod o ddiwylliedig a diwyd oedd yn bod cyn sefydlu astudiaethau llên gwerin fel disgyblaeth academaidd. Y prif wahaniaeth rhwng yr amatur a'r proffesiynol ydi fod yr amatur yn dibynnu'n weddol drwm ar ffynonellau print tra bod y proffesiynol yn medru mynd allan i'r maes i wneud ymchwil gwreiddiol, yn ogystal â rhoi sylw i ddefnyddiau printiedig.

Y mae Sarah J. Morgan yn nodi'n fanwl gyfansoddiadau William Davies, y rhan fwyaf ohonynt heb eu cyhoeddi. O ran gwaith cyhoeddedig, heblaw'r gwaith hwn ar lên gwerin Meirionnydd, y mae ar gael ei *Casgliad o Ffraethebion Cymreig* (Treherbert, 1876).

Fel rhyw fath o deyrnged i ŵr sy'n gwirioneddol haeddu ei gydnabod, ac fel defnydd sydd yn hynod o ddiddorol i unrhyw un sy'n ymddiddori mewn llên gwerin y cyhoeddir y gwaith hwn. Detholiad o gynnwys gwaith helaeth William Davies a geir yma. Barnwyd y dylid diweddaru'r orgraff lle'r oedd angen hynny.

Gwyn Thomas
Ionawr 2015

Lluniau Eisteddfod 1898

"Y Gwir yn ↑ erbyn y Byd."

"O Iesu Na'd Gamwaith." "Duw a Phob Daioni."

Eisteddfod Genedlaethol

Freiniol Cymru,

BLAENAU FFESTINIOG, 1898.

Rhestr o'r Testynau, Gwobrwyon,

BEIRNIAID, AC AMMODAU.

COPYRIGHT. PRICE SIXPENCE.

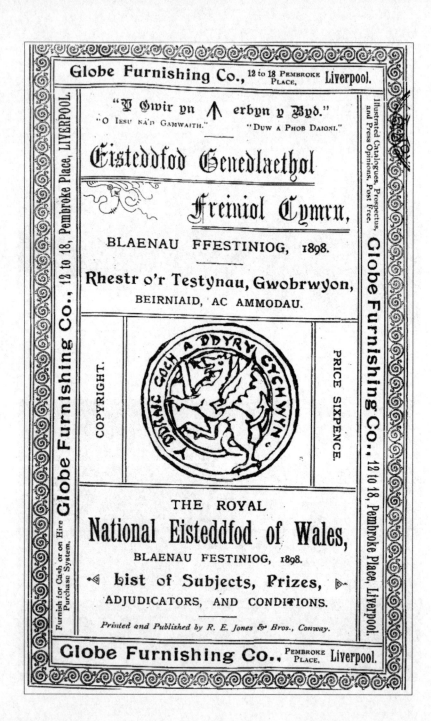

THE ROYAL

National Eisteddfod of Wales,

BLAENAU FESTINIOG, 1898.

List of Subjects, Prizes,

ADJUDICATORS, AND CONDITIONS.

Printed and Published by R. E. Jones & Bros., Conway.

10

EISTEDDFOD GENEDLAETHOL FFESTINIOG.

BLAENAU FFESTINIOG.

WILLIAM E. OAKELEY, Esq.
President of National Eisteddfod 1898.

TANYBWLCH FROM ABOVE TERRACE.

OWEN JONES, Esq.
Chairman, Executive Committee.

ROBERT ROBERTS, Esq., J.P.
Chairman, Music Committee.

R. H. ROBERTS, Esq.
Hon. Secretary.

Mr. CADWALADR ROBERTS,
Conductor Eisteddfod Choir.

W. E. ALLTWEN WILLIAMS, Esq.
Hon. Secretary.

J. JONES MORRIS,
Hon. Sec., Music Committee.

H. A. HUGHES,
General Sec.

YR OREDD.

1. DYFED.
2. CEIRIAG.
3. PEDROG.
4. GWYNEDD.
5. HWFA MON.
6. MORIEN.
7. MELLTYDD PENYBRYN.
8. COFIONYDD.

G. H. ELLIS, Esq., J.P.
Hon. Treasurer.

Rev. J. HEYDWEN PARRY,
Chairman, Literary Committee.

RICHARD JONES, Esq., M.D.
Chairman, Arts Committee.

W. JONES (Maelor),
Hon. Sec., Literary Committee.

J. CADWALADR,
Hon. Sec., Arts Committee.

R. O. DAVIES,
Hon. Sec., Finance Committee.

W. R. M. WYNNE, Esq.

WILLIAM JONES,
Hon. Sec., Pavilion Committee.

Professor H. M. EDWARDS, M.A.

THOMAS GEE, Esq.

Alderman W.P. EVANS,
Chairman, Finance Committee.

The Right Hon. LORD CARRINGTON.

D. G. WILLIAMS, Esq., J.P.
Chairman, Pavilion Committee.

Professor J. RHYS, M.A.

Alderman E. H. JONATHAN,
Chairman, General Purposes Committee.

Alderman ANDREAS ROBERTS,
Vice-Chairman Executive Committee.

T. P. EDWARDS (Liverpool),
Hon. Sec., General Committee.

J. DAVIES JONES, Esq.
Vice-Chairman Executive Committee.

R. W. DAVIES,
Hon. Sec., General Purposes Committee.

Principal T. F. Roberts, M.A.

QUARRYMEN AT WORK.

WILLIAM DAVIES, Esq., J.P.
Vice-President of National Eisteddfod, 1898.

DOLMYN WATERFALLS.

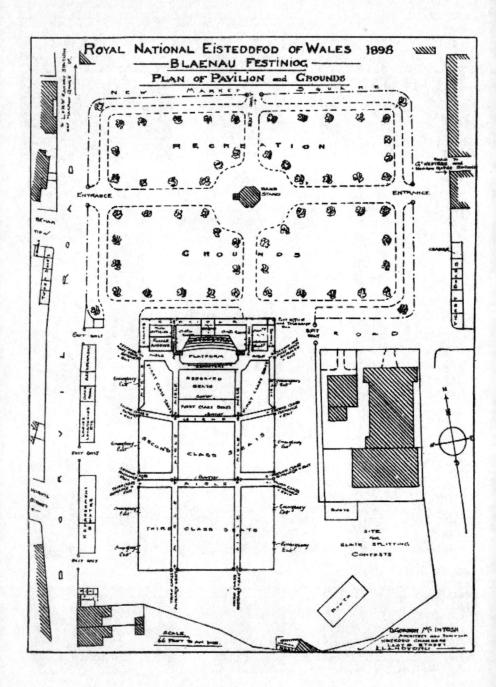

Ymadroddion Llên Gwerin

Achub y blaen
Achub yr adeg
Adar y felltith (*a cant expression for dishonest lawyers*)
Adar y nos (*benighted persons, or people that always arrive or return late*)
Adeg y lloer
Addoliad glin a gwefus (*lip-worship*)
Aerwy cyn buwch
Angau dybryd (*tragic death*)
Â'i ben dan y dŵr
Â'i ben yn y gwynt
Â'i fagau i fyny (*topsy-turvy*)
Â'i lygad ar ei ysgwydd
Â'i wynt yn ei ddwrn
Allan o argraff
Allan o law
Allan o wynt
Amcan daear (*any idea or notion whatever*)
Amddiffyn ei gam
Amnaid llygad
Am y pared
Anadl o wynt
Anodd tynnu cast o hen geffyl
Ar adegau
Ar air a chydwybod
Ar antur
Ar arfer
Ar ben
Ar ben pob bys
Ar ben ei fysedd

Arbed arian
Ar draws
Arddel perthynas
Arddel crefydd
Ar ddeudroed (*on foot*)
Ar ddiwedd
Ar ddyfod
Arfaeth yw gennyf
Ar fai
Ar farw
Ar fôr ac ar dir
Ar frys
Ar gael
Ar gais un
Ar gam
Ar geulan y bedd
Ar gerdded
Ar gil (*decamped*)
Ar gwympo
Ar ei bedwar agor (*on all fours*)
Ar ei gil
Ar lawr
Arllwys tir
Ar ôl
Ar redeg
Ar syrthio
Arwain un gerfydd ei drwyn (*to lead one by the nose*)
Ar y drain (*very uneasy*)
Ar yr iawn adeg
Asglodyn/Ysglodyn o'r hen gyff (*a chip of the old block*)

Baich dyn diog

Bargen dda

Bargen ddrud

Bargen ddrwg

Bendith rad yr annwyl (*the free blessing of heaven*)

Beunydd beunos

Beunydd a byth

Bobl annwyl

Bob yn ail

Bob yn ail y rhed y cŵn

Bod a'i adred at beth (*to have recourse to a thing*)

Bod dan gabl gwlad (*to be under public censure*)

Bod dan glip un (*to be under one's thumb*)

Bod dan ei grwys (*to lie under one's cross; said of a corpse laid out between death and burial*)

Bod mewn diod

Bod mewn dyled hyd ei lygaid

Bod yn arw am

Bod yn llety yr aderyn (*to spend the night under a hedge*)

Boddi y melinydd (*to use too much water in kneading dough*)

Boddloni cywreinrwydd

Boliad ci bery dridiau

Brechdan o ddyn

Breuddwyd gwrach yn ôl ei hewyllys

Brith onest

Bron darfod

Brwnt ei dafod

Bryn a bro

Buarth y Tylwyth Teg (*fairy ground*)
Y cylch glas a welir ar y tir glas, ar dir haearn brudd. *Ed. Llwyd*

Budr gigydda

Bwrw amcan

Bwrw amnaid

Bwrw bai ar (*to blame*)

Bwrw dwfr am ben y tân

Bwrw heli yn y môr

Bwrw'r draul

Bwyta amser

Bwyta ei eiriau

Bydd yn chwith iddo

Byw a bywyd

Cadw arnat

Cadw arno

Cadw wrth fin y gyllell (*to keep on short allowance*)

Cadw'r wialen fedw yn y golch (*i ystwytho i guro*)

Cael bai ar un

Cael bai ynddo

Cael a chael

Cael cawell (*to have the sack; used especially of unsuccessful wooers*)

Cael siwrnai seithug

Cael y dydd (*to conquer*)

Cafodd fargen arno

Cafodd ei gweirio yn dda (*he had a good dressing*)

Calon y gwir

Canu ar ei fwyd ei hun

Canu cân y gog

Canu crwth i fyddar

Canu cywydd y gwcw (to *harp always on the same string*)

Canu gyda'r tannau (to *sing to the harp*)

Canu telyn (to *play the harp*)

Can wired â'r efengyl

Cario clep

Cario'r gath (to *fold one's arms across the breast*)

Cario'r dydd (to *conquer*)

Castell y Glebr (a *house of gossip*)

Cefais ryw gip arno

Ceffyl un carn (a *walking stick*)

Celwydd golau

Celwydd noethlymun

Celwydd yn ei ddannedd

Cerdded dan ei ddwylo

Cigydd o ddyn

Cip y geiniog (a *catch penny*)

Clwcian fâl iâr

Clap a chelwydd

Clywed ar ei galon

Cnu'r ddafad farw (*something got after a deceased person*)

Codi cestyll yn yr awyr

Codi'r corff (to *raise or start the corpse*)

Codi'r rhestl (to *put one on short commons*)

Codi ym mrig un

Colli lleferydd y llygaid

Corn y gynnen (*the leader of a faction*)

Corn briddo

Corn gynnal

Cregyn heddwch (a *cant expression for coin or money*)

Crymffast o ddyn

Cusanu'r gofid (to *express regret or sorrow*)

C'uwch cwd a ffetan (*Jack is as good as his master*)

Cwd y cynildeb (a *miser*)

Cwd y gwenwyn (a *very peevish person*)

Cwrs natur

Cwrs o amser

Cwympo allan

Cwympo dani

Cyd â blwyddyn

Cyfaill i gi (a *good-for-nothing fellow*)

Cyfraith y pastwn (*the law of the cudgel*)

Cyfraith yr iâr a'r mynawyd (*an absurdly frivolous law-suit*)

Cymryd anadl

Cymryd arno

Cymryd cyngor gan angen

Cymryd y goes

Cyn brysured â gast mewn ffair

Cyn drymed â'r plwm

Cyn dduded â'r glo

Cyn gynted â chyfri llyfrithen

Cyn iached â'r geirchen

Cyn iached â'r gneuen

Cyn lased â'r genhinen

Cyn oered â'r clai

Cyn wynned â'r galchen

Cyn wired â'r pader

Cysgu yn y gwely gwyrdd (*sleeping in a field*)

Cystudd calon – 'Ni chêl grudd gystudd calon' – *Dihareb* [Canu Llywarch Hen]

Cystudd meddwl

15

Cyw tin y nyth
Cyw o'r un nyth

Chwaer i mam yw modryb
Chwannog i fara diog i hela
Chwarae hud a lledrith
Chwarae ei ran
Chwarae ffon ddwybig
Chwarae mwgwd y dall (*the play of blind man's buff*)
Chwarae'n troi'n chwerw
Chwarae'r gwas digrif (*to play the buffoon*)
Chwedl ben bys (*a made-up story*)
Chwedlau'r aelwyd
Chwerthin am ben
Chwerthin dan ei gadach
Chwerthin yn ei ddwrn
Chwerthin yn ei lawes

Dangos ei ddant
Dangos ei ddannedd (*to show his teeth defiantly*)
Dangos ei ddwylo (*to show one's skill*)
Dal blawd wyneb
Dala pen rheswm
Dal cannwyll i un
Dal crothell i un (*to do one a small favour*)
Dal y ddysgl yn wastad (*to please*)
Dan y dŵr (*in debt*)
Dan y gŵys (*in the grave*)
Digon a digon dros ben
Dial ei gam
Diawl a'i cipio
Dilyn yr arfer

Dilyn crefft
Dilyn difyrrwch
Dilyn y llythyren
Dirwyn i ben
Dirwyn i fyny
Dirwyn y bellen
Dolur y galon
Dros amser
Dros ben digon
Drysu'r pricied
Duo cymeriad un
Dweud ar draws ysgwydd
Dŵr oer yn ei glust
Dwyn ar atgof
Dylyfu gên (*to yawn, to gape*)
Dyn abl iawn (*a very opulent person*)
Dyn chwit-chwat
Dyn o'r byd
Dyn â chwilen yn ei ben
Dyn â deilen ar ei dafod
Dyn â dwylo blewog
Dyn heb orffen crasu
Dyn o grasiad uchel
Dyn yn tywlu [taflu] ei gylchau
Dyrnod angheuol
Dysgu gwers i un

Edrych fel delw
Edrych yn gibog
Edrych tan ei sgafell
Edrych yn dda ar un
Eistedd yn gwch am ben y tân
Eli'r galon
Enllyn trwyn (*snuff*)
Ennill ei bedole
Ennill y dydd (*to conquer*)

Er enghraifft
Er gwaethaf ei ddannedd
Ergyd hyd adref
Er ys meityn
Ewin o ddyn

Fel halen ar gig noeth

Gofyn am law y ferch
Golchi traed yr alarch
Golwg gibog
Gollwng y gath o'r cwd
Gollwng yn angof
Gwasgu ei glust at ei ben
Gweled yn frith
Gwell ganddo farw na chilio
Gwin yr hen Gymro (*spring water*)
Gwlad y gwragedd da (*a world not yet created*)
Gwneuthur crwth o beth
Gwneuthur cydwybod o beth
Gwneuthur march gynfas o un
   March cynfas } *a stalking horse*
   Ceffyl cynfas } *a sham horse*
   'Nid oedd ef ond march cynfas i'r llall'
                    Dihareb
Gwneuthur un drwy flew ei lygaid
Gwynt traed y meirw
   'Gwynt traed y meirw' y galwai yr hen
   bobl wynt y Dwyrain, am ei fod yn
   chwythu at draed preswylwyr y
   Mynwentydd.
Gyda brys
Gyrru angof ar
Gyrru ar
Gyrru'r cŷn a gerddo (*to spur a free horse*)

Ha' tan Galan, gaea' tan ffin (*ffin yw gwybedyn coch y domen*)
Heb ddim blew ar ei dafod
Heb fedru rhoi ei dafod ar ei groen
Heb fod uwch bawd na sawdl
Heb na rhych na gwellt
Heb na thwll na bradwll
Heb wely dano
Hel chwedlau
Hen gi yw ci Morgan
Hollti'r blewyn yn bedwar-ar-ddeg
Hyd y nawfed ach

I drwch y blewyn
Ieuan lygad y bwyd (*a hunter of great men's tables*)
I'r blewyn
Iro blonegen
Iro ei ddwrn
Iro ei law

Lladd amser
Lladd ar
Lladd codwm
Lladd dau aderyn â'r un garreg
Lladd ergyd
Lladd gallt
Lladd gwair
Lladd yn gelain
Lluchio dŵr dros ei gorn
Llygad y geiniog
Llygad yn britho

Mab anwes (*fondling*)
Mab yr afrad (*a lavish spendthrift*)
Mae ail gynnig i Gymro

17

Mae bai arno
Mae cosi ar ei drwyn
Mae chwilen yn ei ben
Mae efe bron darfod
Mae efe'n feddw chwilgorn
Mae efe'n ddiofal iawn (*he is very comfortable*)
Mae ei gnul yn canu (*his passing bell tolls*)
Mae efe'n gwneuthur ei grwys (*he is making his crosses, said of a man who seems silent or absent in company*)
Mae ganddo beth diwêdd o gyfoeth
Mae hi yn ei chwrcwd
Mae hi wedi taflu ei chylchau
Mae hi'n awr lawen arno
Mae llun y cebystr yn ei wyneb }
Mae llun y crocbren yn ei wyneb }
   (*he is destined to be hanged*)
Mae o fel cloch y Bala (*yn gadarn*)
Mae rhyw ferw rhyfedd yn ei ben
Mae'r andros ynddo
Maent ben yng nghad â'i gilydd
Mal y ci a'r hwch
Marw yn ei esgidiau (fel aderyn ar y pren)
Marw cyn ei amser
Melltich y cenglau (*a glutton*)
Mewn brys
Mis mêl
Mor denau â brân yn ei thalcen
More ddi-ddal â'r gwynt
Mor ddiwyd â'r wenynen
Mor groes â dau bren
Mor llonydd â llyn llefrith
Mor sobr â sant

Mor union â brwynen
Mynd adref
Mynd ar gil
Mynd ben yng nghad
Mynd drosto yn ddistaw
Mynd i'r clawdd
Mynd i'r glust
Mynd rhwng y cŵn a'r brain
Mynd rhwng y diawl a'i gynffon

Naddu ati
Nid gwaeth gennyf o frwynen
Nid oedd na byw na bywyd iddo
Nid oes dim argoel
Nid oes dim cyrraedd ynddo
Nid wyf yn malio brwynen amdano
Nid yw ef ond croen ac esgyrn
Nid yw'n werth ei halen
Ni thâl ef frwynen

O eidion bydd fyw, mi weles y Filfriw
   Cyfeiriad at ymddangosiad cynnar y llysieuyn. Math o wair bychan ydyw'n tyfu ar leoedd sychion, ac yn enwedig ar ochrau ffyrdd.
O ewyllys fy nghalon
O fodd ac anfodd
O fryn i fetws (*from hill to dale*)
O gam i gam
O bant i bentan
O hyn allan
O lech i lwyn
O'r annwyl fwyned cân yr adar
O'r brig i'r bôn
O'r corun i'r sawdl
O'r crud i'r bedd

Paid codi'th gloch
Palff o ddyn
Pan fo yr awr arno
Pigo cweryl
Plant angen
Plant Alis (y Saeson)
Pobl yr ardal
Poeri am ben
Porthi anwes un
Prynu cath mewn cwd
Pwt y gynnen

Rhoi ar y gweill
Rhoi awgrym
Rhai bai ar
Rhoi ei ben ati
Rhoi cardie yn 'to
Rhoi diwrnod i'r brenin
Rhoi ffidil yn 'to
Rhoi i gadw
Rhoi y car o flaen y ceffyl
Rhoi peth dros ben
Rhoi'r het ar yr hoel
Rhwng bodd ac anfodd
Rhwng bys a bawd
   Wrth fawd un – *at one's hand or
   disposal*

Sâl fel ci
Sefyll ar ben drws
Sefyll ar ei ben ei hun
Sefyll fel delw
Siadell o ddyn
Siarad bras *(coarse talk)*
Siarad yn fras *(to talk coarsely)*
Siarad ar ei gyfer

Siarad yn ddrylliog
Siôn lygad y bwyd *(an epicure)*
Siôn lygad y geiniog *(one who has
   always an eye to the penny)*
Siôn o bob crefft *(Jack of all trades)*
Sioced o ddyn
Sul, gŵyl a gwaith
Synnwyr y fawd
Syrthio mewn anras

Taflu'r garreg i'r goelcerth *(alluding
   to the ceremonies held at a bonfire
   of throwing in things under the
   idea of sacrifice)*
Talu'r pwyth (oddi wrth 'Talu'r
   Pwyddion' sef 'anrhegion priodas')
Talu'r hen chwech *(to pay one in
   his own coin)*
Tan din
Taro dau aderyn â'r un dyrnod
Taro'r fargen
Taro'r post i'r pared glywed
Torri ag ellyn
Torri crib un *(to take the conceit
   out of a person)*
Torri ato'i hun
Torri pen
Torri pen yr afrad *(to cut off
   unnecessary expenses)*
Torri'n gyrbibion *(to break into
   shatters)*
Troi dalen newydd
Troi'r glust fyddar at
Troi'r gath yn y badell
Tro a'r cyrthgam [cythgam] *(a fiendish
   act)*

Tro brwnt
Trwy gydol y dydd
Trwy gydol y flwyddyn
Twymo yn ei gywlas
Tŷ'r glec (*the gossip shop*)
Tynnu cweryl
Tynnu gwynebe
Tynnu un yn ei ben
Tynnu torch

Un i'w fugeila yw

'Waethaf yn ei ddannedd
'Waethaf yn ei ên
Waeth un gair na chant
Wedi mynd o'i boen
Wedi mynd i'r glust
Wedi mynd i'r clawdd
Wedi mynd i'r gwellt
Wedi torri'r garw

Y cynllwyn drwg
Y broga blwydd yn lladd y broga
    dwyflwydd
Y byd a'r betws – y byd a'r eglwys
Y byd brwnt yma
Y cyw melyn olaf (*the youngest and
    pet child*)
Y mae'r dd'wedwst arno (*he is in the
    mumps*)
Yng ngwlad y dynion gwyrddion (*no
    one knows where*)
Yma ac acw
Y mae cip arno
Y mae ef mewn byd (*in trouble*)
Y mae ef dan glip (*he is under a cloud*)

Y mae eisiau crogi ei ddwyen
Y mae'n fawr ei gynhaeaf (*he is full
    of bustle*)
Y mae'r anras ynot (*the evil one is in you*)
Y mae ganddo ddant i mi
Y mae'r cythgam ynoch (*the deuce
    is in you*)
Ymladd dau fywyd (*to fight a duel*)
Yn anterth ei ogoniant (*at the acme
    of his glory*)
Yn ei ddillad gorau (*naked*)
Yn enw'r brenin (*in the name of
    goodness*)
Ymhell y bydd y llwynog yn lladd
Yn wlyb domen
Yr andras (*the evil one*)
Yr adwyth a'th gaffo (*ruin seize thee*)
Yr haul yng ngwraidd y gwynt
Yr hen ddrel (*the old knave*)
Yr hen amseroedd
Yr hen amser gynt
Yr hen fachgen (*old nick*)
Yr hen frechdan (*a cowardly fellow*)
Yr heol goch (*the throat*)
Yr oedd y ddau yn y glust
Y troed gorau ymlaen

Diarhebion Lleol

'Cardota Gwyddelwern'.
'Cryman am wddw Cromwel'.[1]
'Ffordd bell i ŵr o Benllyn'.
'Maen' nhw wedi mynd fel tatws Llwynygell [Llwyn y Gell]'.[2]
'Mae o fel cloch y Bala'.[3]
'Mor ffals â Siôn Rhydderch'.[4]
· 'Nid amheuthun caws i wŷr Trawsfynydd'.
'Rha'd chwilio amdano fel yr hen ŵr am y dydd'.
'Y mae yn rhywyr rhedeg i Ben Bwlch y Fedwen i chwilio am y dydd'.[5]

[1] Yr oedd hwn yn ddywediad cyffredin mewn rhai parthau o Feirion, yn enwedig yn Ardudwy a Mawddwy. Ymddengys i filwyr Cromwel tra yn ymdeithio trwy y sir, beri blinder ac aflonyddwch mawr i'r preswylwr. Ceir traddodiad ym mhlwyf Mawddwy eu bod wedi defnyddio Eglwys Mallwyd yn ystabl i'w ceffylau, ac hefyd iddynt un adeg gynnau tân ym medyddfaen Eglwys Llanymawddwy, ôl yr hwn sydd i'w ganfod hyd y dydd hwn. Hefyd, yr oedd llawer o wŷr blaenaf y sir yn freninolwyr ac, o ganlyniad, yr oedd enw Cromwel yn gasbeth yn eu golwg. Awdur y llinell uchod oedd yr hen fardd William Phylip o Ardudwy. Gwelir hi mewn englyn o'i eiddo.

[2] Perthyna hon i blwyf Ffestiniog. Yn tud. 75 o *Hanes Plwyf Ffestiniog*, ceir y chwedl fel a ganlyn: 'Yr oedd gŵr dieithr wedi galw yn Llwynygell cyn cinio rhyw ddiwrnod – yr oedd y pytatws ar y tân, ac yr oedd yn bryd tywallt y dwfr oddi arnynt; ond yr oedd yr hen ŵr yn gorchymyn i'r wraig trwy arwyddion eu gadael yno nes elai'r gŵr dieithr ymaith, rhag ei fod yn disgwyl cinio. Felly fu. Ar ôl iddo fynd, aeth y wraig i loywi'r pytatws, ond aethant oll gyda'r dwfr rhwng y caead pren a'r *saucepan*, ac aeth yn ddihareb os collid arian gan un fyddai'n drachwannog i elw, "Ma' nhw wedi mynd fel tatws Llwynygell"'.

[3] Yn gadarn.

[4] Clywir y ddihareb hon yn fynych ym Mawddwy. Cafodd ei hanfod yn un o'r traddodiadau diweddaraf am Wylliaid Cochion Mawddwy, yr hwn a ddywed i rai

ohonynt, pan yn ffoi yma ac acw drwy'r wlad, wedi llofruddiaeth y Barwn Owen, gael achles ddiogel mewn tas o wair o eiddo Siôn Rhydderch o'r Wanas, gerllaw Dolgellau. Ond Siôn, ar ôl eu cael yno yn ddiogel, a'u bradychodd i ddwylo'r awdurdodau, ac am hynny y dywedir am bob bradychwr ei fod 'mor ffals â Siôn Rhydderch'.

⁵ Hen deulu Cwm-lle-Coediog, plwyf Dinas Mawddwy, a gawsant eu siomi'n erwin unwaith. Pan oeddynt oll yn eu gwelyau un noswaith bygddu yn y gaeaf, cymerth rhyw fechgyn direidus yn eu pennau i gau'r ffenestri i fyny gyda thyweirch gleision, a gwnaethant hynny hefyd yn eithaf diogel. Cysgodd yr hen deulu noson a diwrnod yn lled gysurus; ond yn nechreunos yr ail penderfynasant godi, a hynny fu; codasant, ond yr oedd hi yn dywyll ryfeddol; a chan eu bod erbyn hyn yn credu mai y noson honno oedd yr hwyaf er dyddiau Adda, aethant yn anesmwyth am oleuni. Gofynnai'r hen ŵr i'r llanciau ddyfod gydag ef i ymofyn amdano. 'Y mae'n rhaid chwilio amdano,' meddai. I ffwrdd yr aethant, a chwilio manwl fu, ond ni fedrasant yn eu byw gael yr un gipolwg arno nes dyfod i Ben Bwlch y Fedwen; ond pan yno, caed ef, a mawr fu'r llawenydd. Ac fe gaed yr hyfrydwch gan hen ŵr Cwm-lle-Coediog, o fod yn 'ŵr y goleuni' o hynny allan, Oddi wrth hyn y daethpwyd i arfer ar lafar gwlad 'Fod yn rhaid chwilio amdano fel yr hen ŵr am y dydd'; ac hefyd, os bydd hi yn dywyll, dywedir, 'Y mae'n rhywyr rhedeg i Ben Bwlch y Fedwen i chwilio am y dydd'. (*Brython*, 1863, tud. 459.)

Diarhebion y Misoedd

Ionawr

1 Gwell gweld dodi'th fam ar elor
   Na gweld hinion teg [hinon deg] yn Ionor.
2 Ionawr a dery i lawr.
3 Ionawr cynnes, Mai oer.
4 Ionawr a wna'r drwg, ond Mai gaiff y bai.
5 Gwanwyn yn Ionawr a arwydda flwyddyn ddrwg.
6 Haul yn Ionawr ni mad welawr,
   Mawrth a Chwefror a'i dialawr.
7 Mis Ionawr blaenawr y blaid
   Mae Duw yn gwneud Meudwyaid.

Chwefror

1 Chwefror ysbail cawr.
2 Os yn Chwefror y tyf y pawr,
   Trwy'r flwyddyn wedyn ni thyf ef fawr.
3 Chwefror a leinw'r cloddiau.
4 Chwefror garw, parchell marw.
5 Mae pob mis yn y flwyddyn yn melltithio Chwefror teg.
6 Ni saif eira fis Chwefror
   Fwy na rhynion mewn gogor.
7 Byw yw Chwefror ond hir ei anghysuron.
8 Chwefror chwyth, ni chwyd y neidr oddi ar ei nyth.

Mawrth

1 Os yn Mawrth y tyf y ddôl,
   Gwelir llawndra ar ei ôl.
2 Ni saif eira fis Mawrth mwy na 'menyn ar dwym-dorth.
3 Cydaid bach o lwch Mawrth a dâl gydaid mawr o aur y brenin.
4 Mawrth a ladd, Ebrill a fling.
5 Os daw Mawrth i fewn fel llew, fe â allan fel oen. Neu i'r gwrthwyneb,
   Os daw Mawrth i mewn fel oen, fe â allan fel llew.
6 Nid yw Mawrth sych byth yn cardota ei fara.

7   Ceir llawer math o dywydd ym Mawrth.

8   Mawrth sych, pasgedig ych.

Ebrill

1   Ni saif eira fis Ebrill
     Fwy na dwfr ar gefn brithyll.

2   Ebrill garw, parchell marw.

3   Ebrill a fling.

4   Gwlithyn yn Ebrill a wna i'r amaethwr ganu fel yr eos.

5   Ebrill sych, popeth yn nych.

6   Ebrill mwyn, gwych lwyn, sych lwyn.

7   Yn Ebrill y daw'r gog.

8   Ebrill glas, Mai bras.

9   Ebrill oer a lanwa'r ysgubor.

10   Gwyn ein byd os Ebrill fwyn
     A wisg y llawr â gwsig y llwyn.

Mai

1   Mai a gyfyd y galon.

2   Haid o wenyn, os yn Mai y'i ceir,
     A dalant lwyth wyth ych o wair.

3   Mai gwlybyrog, ganddo cair
     Llwyth ar dir o ŷd a gwair.

4   Mis Mai oer a wna'n ddi-nag
     'Sgubor lawn a mynwent wag.

5   Mai oer a fydd yn iach ei ddydd,
     Yn argoel haf heb fawr yn glaf.

Mehefin

1   Mehefin llawen gorsing (*a merry door-way*).

2   Da haid Mehefin, os da'i hoen.

3   Mis Mehefin, gwych os daw,
     Peth yn sych a pheth yn law.

4   Gwenau Mehefin alltudiant bob drycin.

5   Na flina ar dy egin cyn diwedd Mehefin.

Gorffennaf

1 Gwanwyn blin i'r march a'r ŷch
  Mis Gorffennaf na fo sych.
2 Da haid Mehefin os da'i hoen
  Am haid Gorffennaf mi ro'wn ffloen.
3 Haid o wenyn fis Gorffennaf
  Had rhedynen ei phris pennaf.
4 Mis Gorffennaf, llawen buarth.

Awst

1 Awst a lenwa y gegin, Medi y seler.
2 Awst llawen gŵr y tŷ.
3 Sôn am Awst wyliau'r Nadolig.
4 Awst, os ceir yn anian sych,
  Bair i'r Cymro ganu'n wych.
5 Dechrau Awst niwliog, diwedd tesog.

Medi

1 Medi, llawen adar.
2 Hanner Medi'n sych a wna
  Seler lawn o gwrw da.
3 Disgwylir gweled yr ydlanau
  Yn Medi'n llawn; a'r ysguboriau.

Hydref

1 Hydref llon cyfarwar (*social intercourse*).
2 Hydref teg wna aeaf gwyntog.

Tachwedd

1 Tachwedd dechrau'r galar.
2 Tachwedd a'i daith, a'i niwl o hyd
  Sy'n gwneud i ni anniddan fyd.

Rhagfyr

1 Rhagfyr, annifyr ei nôd
  A'n dyrna bob diwrnod.
2 Rhagfyr, gocheler ei fâr.

Diarhebion, Amseryddol, Amaethyddol a Hinfynegiadol

1 Ni adawodd haf sych newyn erioed ar ei ôl.
2 Gaeaf glas 'wna fynwent fras.
3 Hen ddywediadiad ynghylch estyniad y dydd, –
   Awr fawr Galan, dwy ŵyl Elian,
   Tair ŵyl Fair, a gwir yw'r gair.
4 Tywyll fôr ac eglur fynydd,
   Arwydd yw y sycha'r nentydd.
5 Tywyll fôr a golau fynydd,
   Ddeil yn hindda yn dragywydd.
6 Os bydd blodau o flaen dail,
   Ni bydd ffrwythau yn y ffair.
7 Os bydd yn deg ar hen ŵyl Fair,
   C'od yn fore i brynu gwair.
8 Pan gollir y glaw,
   O'r dwyrain y daw.
9 Gwynt oer i rewi,
   Gwynt oerach i feirioli.
10 Haf hyd Nadolig, gaeaf hyd ŵyl Ifan.
11 Haf tan Galan, gaeaf tan Gain.
12 Eira mân, eira mawr.
13 Onnen o'r ffos, a derw o'r daflod.
14 Blwyddyn gneuog,
   Blwydd leuog.
15 Beudy oer, a stabl gynnes.
16 Calangaeaf, garw hin,
   Annhebyg i gynefin [gyntefin?].
17 Haf hyd Galan, gaeaf hyd Fai.
18 Blwyddyn o eira, blwyddyn o lawndra.
19 Yr adar ganant cyn Gŵyl Fair,
   A griant cyn Gŵyl G'lamai.

20 Cywion, gwyddau, [cywion gwyddau = *catkins*] ebol bach,
   Pam na ddaw Calanmai bellach?
21 Mis cyn Calanmai cân y cogau,
   Mis cyn hynny tyf y briallu.
22 Trymaf gnydau, gwlyb cynhaeaf.
23 Enfysau ddechrau'r lleuad,
   Glaw i'w diweddiad.
24 Os glaw fydd ddydd Gŵyl Switan,
   Glaw ddeugain niwrnod cyfan.
25 Gwybren goch y bore, brithion gawodau;
   Gwybren goch y prynhawn, tegwch a gawn.
26 St Vincent heulog, cynhaeaf toreithiog.
27 Meirioli Gŵyl Fathew, glawio Gŵyl Fair.
28 Glaw y Sulgwyn, ffrwythlon drwy'r flwyddyn.
29 Glaw Gŵyl Ifan, andwyo'r cyfan.
30 'Dyddiau Cŵn,' heulog ha',
   Ddaw i ni â blwyddyn dda.
31 Ffair St Lawrence heb gymylau, llond gwlad o ffrwythau.
32 Glaw Gŵyl Mihangel, gaeaf tawel.
33 Pan ddaw y crehyrod, gwna'r tanwydd yn barod.
34 Niwl Gŵyl Fartin, tywydd tyner yn canlyn.
35 Nadolig tirion, blwyddyn o fendithion.
36 Gwanwyn a gawn, llogell yn llawn.

Arwyddion y Tywydd

Yng Nghymru tra dau yn cwrddyd â'i gilydd,
Y cyntaf peth wnânt fydd sôn am y tywydd.

Arwyddion Tywydd Teg

1 Yr haul yn glir, a'r awyr yn ddigymylau.
2 Yr haul yn erlid y cymylau o'i flaen i gyfeiriad y gorllewin.
3 Cylch oddeutu'r haul ar ei gyfodiad, a hwnnw yn diflannu yn raddol.
4 Yr haul yn machlud yn goch.
5 Y lleuad yn ymddangos yn glir dros dri diwrnod ar ôl y newidiad, ac hefyd dros dri diwrnod cyn y llawn.
6 Cymylau'n ymddangos â'u hochrau'n felynion.
7 Yr awyr yn ymddangos yn dywyll, neu yn gymylog, ac yn clirio yn erbyn y gwynt.
8 Yr enfys yn ymddangos yn goch ar ôl y glaw.
9 Niwl yn disgyn oddi ar y bryniau, ac yn sefydlu yn y dyffrynnoedd; niwl gwyn yn codi i fyny o'r dyffryn y prynhawn, yr un peth.
10 Yr ystlum yn ehedeg yn gynharach nag arferol.
11 Gwlith lawer yn gorwedd ar y glaswellt ar ôl diwrnod teg sy'n arwydd o ddiwrnod teg arall.
12 Chwilod duon yn hedfan yn y prynhawn.
13 Llawer o glêr a gwybed yn chwarae'r prynhawn yn yr haul.
14 Canfod yn y bore, wê pryf copyn ar y glaswellt wedi'i orchuddio gan wlith.
15 Darogana prynhawn coch dywydd teg.
16 Y dderwen yn deilio o flaen yr onnen.

Arwyddion Gwynt a Thymestl

1 Cymylau cochion yn ymddangos yn y bore.
2 Llawer o sêr yn saethu o un man i'r llall.
3 Bwa'r Drindod yn ymddangos yn goch.
4 Cylchoedd duon oddeutu'r haul a'r lleuad.
5 Y sêr yn ymddangos yn dywyll ac yn danllyd.
6 Y cymylau'n cerdded yn fuan.
7 Y tân yn llosgi yn dywyll ac yn hisian.

8   Y cigfrain yn ehedeg yn uchel ac yn curo eu hadennydd.

9   Y moch yn llefain mwy nag arferol.

10 Gwyddau yn clegar.

11 Cywion yn hel at ei gilydd, ac yn r-ffflo eu plu.

12 Y Robin Goch yn ddistaw.

13 Y Twrch Daear yn twrio fwy nag arferol.

14 Gweled haid o frain – 'Priodas y Brain' – yn croesi'r awyr o un man i'r llall.

15 Gweld y defaid yn cydgrynhoi mewn cwrr o'r maes.

16 Sŵn yn y môr islaw Bennar-isaf yn Ardudwy. Dywed hen air, 'Berw Crochan Bennar-isaf'.

17 Twrw mawr ar draethell Mochras, ar y lle a elwir Penrhyn Barbara.

18 Gwylanod Mochras yn ehedeg yn uchel i'r tir ac yn llefain yn groch, sy'n arwydd tywydd blin ac ystormus. Dyma a ddywed hen gwpled:

> Os croch eu cri fydd gwylanod Mochras,
> Gellir disgwyl tywydd atgas.

Arwyddion Glaw

1   Yr haul yn ymddangos yn goch danllyd wrth godi.

2   Yr haul yn ymddangos yn glafaidd wrth godi.

3   Yr haul yn machludo'n goch felyn.

4   Yr wybren yn cael ei gorliwio gyda gwyrddni o liw'r môr.

5   Cymylau cochion a duon oddeutu'r haul wrth godi, ac yn ei guddio ymhen ychydig amser wedi hynny.

6   Llewyrch yr haul yn ymddangos yn las neu'n ddu.

7   Cwmwl yn ymddangos i ba un y bydd tarth yn dyrchafu.

8   Dau gyfarfyddiad o gymylau: yn yr haf, taranau.

9   Cylch oddeutu'r lleuad.

10 Yr haul yn y dwyrain yn ymddangos yn fwy nag arferol.

11 Cymylau duon yn y gorllewin pan fyddo'r haul yn machlud.

12 Yr haul neu'r lleuad yn ymddangos yn dywyll.

13 Sêr mawrion prin yn weledig.

14 Bwa'r Drindod yn edrych yn wyrdd.

15 Yr adar yn cadw stŵr ac yn ymolchi.

16 Piod yn sgrechian.

17 Chwiaid [hwyaid] yn crio'n fynych.

18 Y gwenoliaid yn ehedeg yn isel.

19 Y dylluan yn crio *siwit* yn fynych.
20 Y pryf copyn yn fwy prysur nag arferol.
21 Gwybed mân yn ein poeni a'n pigo.
22 Y gwylanod yn ehedeg i'r tir.
> O'r môr y daw yr wylan,
> A glaw a wna ddarogan.
23 Llawer o bryfed yn ymddangos ar hyd y ddaear.
24 Cŵn yn udo.
25 Cŵn yn pori glaswellt.
26 Y gwartheg yn gorwedd ar y ddaear.
27 Gweld malwod a llyffaint yn gadael eu celloedd.
28 Anifeiliaid yn pori'n newynllyd, ac yn llyfu eu carnau.
29 Y criciedyn yn canu'n uchel.
30 Clêr a gwybed yn flinedig.
31 Gweld y gath yn crafu post neu ddrws.
32 Huddugl yn cwympo o'r simneiau.
33 Muriau a pharadwydd yn chwysu.
34 Mwg tai yn esgyn i fyny'n syth i'r awyr.
35 Gwêr yn tasgu oddeutu'r gannwyll.
36 Gwyniau yn aelodau hen bobl.
37 Cyrn ar y traed yn peri poen.
38 Pan na fydd dim gwlith y bore na'r prynhawn.
39 Clychau i'w clywed ymhellach nag arferol.
40 Niwl ar gopa Moelfre.

Hen Benillion

1   Os ei di i gerdded sarn mewn afon,
    Gwylia rhag y cerrig llyfnion;
    Cais di gerdded pen yr yrfa,
    Honno ddeil rhag codwm siwra.

2   Shôn i fyny, Shôn i wared,
    Shôn i garthu dan y gwartheg;
    Shôn a ŵyr yn well na'r merched
    Pa sawl torth a wneir o beced.

3   Fe wneir pedair o'r bedwerydd,
    Fe wneir wyth o'r hanner mesur;
    Ac os bydd y ferch yn hyswi',
    Fe wneir teisen heblaw hynny.

4   Llawer lodes yn ei meddwl
    Dd'wedodd, 'Mi brioda' grefftwr';
    Gorau crefft i ferch i'w meddu
    Yw'r mab a wnelo'n fawr ohoni.

5   Hir yw'r ffordd a maith yw'r mynydd
    O Gwm Mawddwy i Drawsfynydd;
    Ond lle bo 'wllys mab i fyned,
    Fe wêl y rhiw yn oriwaered.

6   Nid a' i garu'r nos ond hynny,
    Cefais gawall [*ei wrthod*] yn y Pandy!
    'Rwyf yn canmol synnwyr Sioned,
    Am ei rhoddi cyn gynhared.

7   Codi 'chloch o hyd roedd Sionad,
    Am ei bod hi heb 'run cariad;
    Ac yrwan wedi priodi,
    'Dydi fymryn gwell nag oedd hi.

8   Mae fy nghariad wedi 'ngwrthod,
     Am na bawn i'n ferch gyfoethog;
     Er fy mwyn gofynnwch iddo
     Pa bryd y bûm yn chwilio 'mdano.

9   Mae fy nghariad wedi digio,
     Nid wn i'n iawn pa beth sydd arno;
     Pan ddelo'r gwybed mân a'r cywion
     Mi yrra' gyw i gywrio'i galon.

10   Os ei di garu, dos yn gynnar
     Cyn i'r merched fwyta'u swpar,
     Ti gei weled trwy y gwydyr
     Pwy sy' lân a phwy sy' fudur.

11   Os wyt am ymryson caru,
     Cais y stôl ac eistedd arni;
     Mi ymrysonaf tan y bora,
     Cyn y rhoddaf iti'r gora.

12   Difyr iawn yw caru go',
     Difyr iawn yw'r lle lle bo;
     Ond mwy difyr ydi gweled
     Drws yr efail yn agored.

13   Llawer gwaith y bûm i'n meddwl,
     Faint a gostia pwys o siwgwr;
     I fynd i edrach am f'anwylyd –
     Mae hi'n glaf y maent yn d'wedyd.

14   Yn y felin mae lle difyr,
     Pan fo Elin 'dda ei natur,
     Ac yn adrodd hen benillion,
     Nes gwneud pawb wrth fodd 'u calon.

15   Robin Goch ddaeth ar y rhiniog,
A'i ddwy aden yn anwydog;
A dywedai yn ysmala,
'Mae hi'n oer, fe ddaw yr eira'.

16   Pan fo seren yn rhagori,
Fe fydd pawb â'i olwg arni,
Pan ddaw unwaith gwmwl drosti,
Ni bydd mwy o sôn amdani.

17   Dyn a garo grwth a thelyn,
Sain cynghanedd, cân, ac englyn,
A gâr y pethau mwya' tirion
Sy'n y nef ymhlith nefolion.

18   Trwm yw plwm a thrwm yw cerrig,
Trwm yw calon pob dyn unig;
Trymaf peth dan haul a lleuad
Yw rhoi ffarwél lle byddo cariad.

19   Lle bo cariad 'wiw mo'r ceisio
Cloi mo'r drws a'i ddyfal fowltio;
Lle bo'r 'wyllys fe dyrr allan
Drwy'r clo dur, a'r dderwen lydan.

20   Ni chân cog ddim amser gaea',
Ni chân telyn heb ddim tanna';
Ni chân calon, hawdd ich' wybod,
Pan fo galar ar ei gwaelod.

21   Tebyg yw dy lais yn canu
I gog mewn craig yn dechrau crygu,
Dechrau cân heb ddiwedd arni –
Canmil harddach iti dewi.

22   Rhois fy mryd ar ganu glanddyn
       A rhoes hwn ei serch ar rywun,
       Honno roes ei serch ar arall –
       Dyna dri yn caru'n anghall.

23   Tro dy wyneb ata'i 'n union,
       Gyda'th wyneb tro dy galon,
       Gyda'r galon tro dy 'wyllys –
       Ystyria beth wrth garwr clwyfus.

24   Lle bo cariad fe ganmolir
       Fwy ond odid nag a ddylir,
       Ond lle byddo dicter creulon,
       Fe fydd beio mwy na digon.

25   Mynd i'r ardd i dorri pwysi,
       Pasio'r Lafant, pasio'r Lili,
       Pasio'r Pinks, a'r Rhosys cochion,
       A thorri pwysi o ddanadl poethion.

26   Dod dy law, on'd wyt yn coelio
       Dan fy mron – ond gwylia 'mrifo,
       Ti gei glywed, os gwrandewi
       Sŵn y galon fach yn torri.

27   Bûm yn byw yn gynnil, gynnil,
       Aeth un ddafad imi'n ddwyfil,
       Trois i fyw yn afrad, afrad,
       Aeth y ddwyfil yn un ddafad!

28   Mwyn ei llun, a main ei llais,
       Yw'r delyn farnais newydd,
       Haeddai glod am fod yn fwyn
       Hi ydyw fy llawenydd;
       Fe ddaw'r adar yn y man
       I diwnio dan ei 'denydd.

29 Da yw'r gwaith, rhaid dweud y gwir,
    Ar fryniau sir Feirionnydd,
    Golwg oer o'r gwaela' gawn
    Mae hi eto'n llawn llawenydd;
    Pwy ddisgwyliai 'canai cog
    Mewn mawnog yn y mynydd.

30 Gwae a gario faich o gwrw
    Yn ei fol i fod yn feddw,
    Trymach baich yw hwn yn ddiau,
    A baich ydyw o bechodau;
    Hwn yw mam y cam a'r celwydd,
    Lladd a lladrad, ac anlladrwydd,
    Gwna gryf yn wan, a'r gwan yn wannach,
    Y ffel yn ffôl, a'r ffôl yn ffolach.

31 Hiraeth mawr a hiraeth creulon,
    Hiraeth sydd yn torri'm calon,
    Pan fwyf dryma'r nos yn cysgu
    Fe ddaw hiraeth ac a'm deffry;
    D'wedwch fawrion o wybodaeth
    O ba beth y gwnaethpwyd hiraeth?
    A pha ddefnydd a rowd ynddo,
    Na ddarfyddai wrth ei wisgo!

32 Fe gŵyd yr haul, fe gŵyd y lleuad,
    Fe gŵyd y môr yn donau irad;
    Fe gŵyd y gwynt yn uchel ddigon,
    Ni chwyd yr hiraeth byth o'm calon.

33 Y mae hiraeth wedi'm cael
    Rhwng fy nwyfron a'm dwy ael;
    Ar fy mron y mae yn pwyso,
    Fel pe bae yn famaeth iddo.

34   Hiraeth, hiraeth! Cilia, cilia,
       Paid â phwyso'n rhy drwm arna';
       Nesa dipyn at yr erchwyn,
       Gad i mi gael cysgu gronyn.

35   Wylo'n ddwys, heb orffwys, yno
       'N oer fy lle, a'm dagrau'n llifo;
       Dan fawr boen a chystudd chwerw
       'N ffôl ymorol am y marw.

36   Mae arnaf hiraeth am fy ngwlad,
       Mae arnaf hiraeth am fy nhad;
       Mae arnaf hiraeth mwy na hynny,
       Am y ferch yr wyf yn garu.

37   Derfydd aur a derfydd arian,
       Derfydd melfed, derfydd sidan;
       Derfydd pob dilledyn helaeth,
       Eto, er hyn ni dderfydd hiraeth.

38   Rhodio roeddwn fynwent eglwys
       I 'mofyn am le teg i orffwys,
       Trawn fy nhroed wrth fedd f'anwylyd,
       Clywn fy nghalon drom yn symud.

39   Roedd buwch yn nhroed y Wyddfa
       Yn rhwym wrth fonyn pren,
       A dau yn Ynys Enlli
       'N ymryson taro pen;
       Wrth sŵn y rhain yn taro –
       Mae hyn yn chwedl chwith –
       Fe syrthiodd clochdy'r 'Bermo
       Na chodwyd mono byth.

40   I ba beth y byddaf brudd,
       A throi llawenydd heibio,

Tra bwyf ieuanc ac yn llon,
Rhof hwb i'r galon eto;
Hwb i'r galon, doed a ddêl,
Mae rhai na welant ddigon, –
Ni waeth punt na chant mewn cod
Os medrir bod yn foddlon.

41   Caued pawb ei ddrws yn chwipyn,
Mae'r ôd yn barod ar ben Berwyn;
Daw i lawr a'r niwl i'w ganlyn,
Heulyn gwyn i hulio'n Gwanwyn.

42   Mi fûm yn gweini tymor
Yn ymyl Ty'n y coed,
A dyna'r lle difyrraf
Y bûm i ynddo erioed;
Yr adar bach yn tiwnio,
A'r coed yn suo 'nghyd,
Fy nghalon bach a dorrodd
Er gwaetha'r rhain i gyd.

43   Mi godwn y Gader, ac Ywen Llan Gower,
I fynwent Llanaber heb neb ond myfi:
Mi chwythwn dre'r Mwythig ar unwaith i'r 'Rennig,
Ond siarad ychydig â Chadi.

44   Os oes coel ar bennau'r moelydd,
Buan daw yn chwerw dywydd,
Pan fo niwl ar Gader Idris,
Yn ei thŷ ceir Lowri Lewis.

45   Maen' nhw'n dwedyd na chaf garu
'Nghariad annwyl byth ond hynny,
Minna a'i caraf er cael cerydd
Tra bo'r Bala'n Sir Feirionnydd.

46   Caru 'Nghaer a charu 'Nghorwen,
       Caru'n Nyffryn Clwyd a Derwen,
       Caru 'mhell tu draw i'r mynydd,
       Mae fy nghariad ym Meirionnydd.

47   Mae gennyf gariad yn Llanuw'llyn,
       A dwy siaced a dau syrcyn,
       A dwy het ar ei helw ei hun,
       A dau wyneb dan bob un.

48   Pan oeddwn i'n caru y ben felen binc,
       Yn Llannor y Llyn pan oeddwn i'n llanc;
       Ei gweled yn lân, a'i chanfod hi'n sionc,
       Ond erbyn ei chael roedd arni hi chwinc.

49   Tebyg ydwyf, fel y tybid,
       I'r dyn gerddodd dros Lyn Tegid,
       O edifeirwch am a wnaethai,
       'E dorra'i galon ar dir golau.

50   Yn y môr y byddo'r mynydd
       Sydd yn cuddio bro Meirionnydd:
       Na chawn unwaith olwg arni,
       Cyn i'm calon dirion dorri.

51   Awel iachus sy 'mhen Berwyn,
       Lle i weled llawer dyffryn;
       Ac oni bae'r Arenig ddiffaeth,
       Gwelwn wlad fy ngenedigaeth.

52   Blewyn glas ar afon Dyfi,
       A hudodd lawer buwch i foddi;
       Lodes wen a'm hudodd innau
       O'r uniawn ffordd i'w cheimion lwybrau.

53   Mi a brynais gan y brenin
      Frig y borfa a chreigiau Berwyn,
      I fildio castell ar le gwastad,
      Uwchlaw Corwen gyda'm cariad.

54   Chwe pheth a sych yn chwipyn –
      Carreg noeth a genau meddwyn,
      Pwll yr haf a thap heb gwrw,
      Gwddw gôf a dagrau gwidw.

55   Cwlwm caled yw priodi,
      Gorchwyl blin, gofalus ydi;
      Y sawl nis gwnaeth nis gŵyr oddi wrtho,
      Ond caiff wybod pan y'i gwnelo.

56   Maen' nhw'n dwedyd am yr adar
      Nad oes un o'r rhain heb gymar;
      Gwelais dderyn brith y fuches
      Heb un cymar na chymhares.

57   Nid cymwys dan un iau y tynn
      Ych glân ac asyn atgas;
      Dwy natur groes mewn tŷ wrth dân
      Ni hardda'n lân briodas.

58   Cais iti ddyn o natur dda,
      Mewn gweithred a chymdeithas,
      Fo'n dilyn ffyrdd gwir deulu'r ffydd,
      Cei ddedwydd ddydd priodas.

59   Mi feddyliais, ond priodi,
      Na chawn ddim ond dawnsio a chanu,
      Ond beth a ges ar ôl priodi,
      Ond siglo'r crud a suo'r babi.

60   Rhois fy llaw mewn cwlwm dyrys,
       Deliais fodrwy rhwng fy neufys,
       Dwedais wers ar ôl y person,
       Ac mae'n 'difar gan fy nghalon.

61   Prynu gwenith yn ei egin
       Yw priodi gwŷr yn fechgyn;
       Wedi hau a chau a chadw,
       Gallant droi'n gynhaeaf garw.

62   Mi rois goron am briodi,
       Ni rof ffyrling byth ond hynny;
       Mi rown lawer i ryw berson
       Am gael fy nhraed a'm dwylo'n rhyddion.

63   Er maint sydd yn dy gwmwl tew
       O law a rhew a rhyndod,
       Fe ddaw eto haul ar fryn,
       Nid ydyw hyn ond cafod.

64   Ffei o ddyn na ddianc unwaith
       O safn y ci a'i brathodd ganwaith;
       Ffei bob peth sy'n diwyno'r wyneb,
       Ffei lawenydd mewn ffolineb.

65   Aeth Huwcyn yn benuchel
       I garu ryw nos Lun;
       Ond daeth yn ôl yn sobrach,
       Os nid yn gallach dyn:

       Ni chafodd ddrws agored,
       Na mynwes un ferch wen;
       Mae pawb o'r merched mwynion
       Yn chwerthin am ei ben.

66   Mae'r ferch a gâr fy nghalon
Yn byw tu draw i'r afon;
Mi af i gwrdd â'r gangen gu,
Tae'r môr yn rhannu rhyngon.

67   Acw draw mae fy nau lygad,
Acw draw mae f'annwyl gariad;
Acw draw dymunwn innau
Gysgu'r nos a chodi'r borau.

68   Mae digon o wroldeb, oes,
Gan bawb, os arall fydd dan groes;
Ond nid mor hawdd y ceir y dyn
A gynnal bwys ei faich ei hun.

69   Dymunol iawn a braf dros ben
Yw brigyn pren afalau:
Mae arno olwg hawddgar iawn
Pan fyddo'n llawn o flodau.

70   Ofer yw, er maint fo rhinwedd,
Dysg, a dawn, a hir amynedd,
Geisio byth, gwrandewch y testun,
Ddala tafod merch ysgymun.

71   Cân di bennill mwyn i'th nain,
Fe gân dy nain i tithau;
Nid yw hynny ddim i neb,
Ond talu'r echwyn adre'.

72   Caru 'mhell a charu'n agos,
Newid cariad bob pythefnos;
Er hyn i gyd ni all fy nghalon
Lai na charu'r hen gariadon.

73 Er nad wyf ond dinerth yma,
   Fel rhyw dderyn ar ddisgynfa,
   Nid wy'n prisio am wŷr trawsion,
   Mwy na'r gath sy'n siglo'i chynffon.

74 Mi wrthodais – ffôl yr oeddwn –
   Ferch a garai'r tir a gerddwn;
   Ac a gerais, do'n garedig,
   Ferch a'm gwerthai am ychydig.

75 Do, mi welais heddiw'r borau
   Ferch a gawn pan fynnwn innau;
   Ac a welais, do, bry'nnawn,
   Ferch a garwn, ac nis cawn.

76 Yr un ni charo dôn a chaniad,
   Ni cheir ynddo naws o gariad;
   Fe welir hwn, tra byddo byw,
   Yn gas gan ddyn, yn gas gan Dduw.

77 Dacw lwyn o fedw gleision,
   Dacw'r llwyn sy'n torri 'nghalon;
   Nid am y llwyn yr wy'n ochneidio,
   Ond am y ferch a welais ynddo.

78 Geiriau mwyn gan fab a gerais,
   Geiriau mwyn gan fab a glywais,
   Geiriau mwyn ŷnt dda bob amser:
   Ond y fath a siomodd lawer.

79 F'anwylyd oedd dy ddau lygedyn,
   Gwn mai arian byw sydd ynddyn';
   Yn dy ben y maent yn chwarae,
   Fal y sêr ar noswaith olau.

80   Serchog iawn yw blodau'r meysydd,
       Serchog hefyd gân a chywydd;
       Ond y serch sy'n dwyn rhagoriaeth,
       Yw serchogrwydd mewn cym'dogaeth.

81   Mwyn a mwyn, a mwyn yw merch,
       A mwyn iawn lle rhoddo'i serch;
       Lle rho merch ei serch yn gynta',
       Dyna gariad byth nid oera.

82   Llawer gwaith y bu fy mwriad
       Gael telynor imi'n gariad,
       Gan felysed sŵn y tannau,
       Gyda'r hwyr a chyda'r borau.

83   Llun y delyn, llun y tannau,
       Llun cyweirgorn aur yn droeau:
       Tan ei fysedd, O na fuasai
       Llun fy nghalon union innau.

84   Hardd ar ferch yw llygad du;
       Hardd ar fab yw bod yn hy';
       Hardd ar farch yw pedrain lydan;
       Hardd ar filgi yw mynd yn fuan.

85   Melys iawn yw llais aderyn
       Fore haf ar ben y brigyn;
       Ond melysach cael gan Gwenno
       Eiriau heddwch wedi digio.

86   Mae cyn amled yn y farchnad
       Groen yr oen a chroen y ddafad,
       A chyn amled yn y llan
       Gladdu'r ferch a chladdu'r fam.

87   Rhaid i bawb newidio byd,
       Fe ŵyr pob ehud anghall;
       Pa waeth marw o gariad pur
       Na marw o ddolur arall?

88   On'd ydyw yn rhyfeddod
       Fod dannedd merch yn darfod;
       Ond tra yn ei genau chwyth,
       Ni dderfydd byth ei thafod.

89   Yma a thraw y maent yn sôn,
       A minnau'n cyson wrando,
       Nas gŵyr undyn yn y wlad
       Pwy ydyw'm cariad eto;
       Ac nis gwn yn dda fy hun
       A oes im un ai peidio,

90   Bu'n edifar fil o weithiau,
       Am lefaru gormod eiriau;
       Ond ni bu gymaint o beryglon
       O lefaru llai na digon.

91   Er melynned gwallt ei phen,
       Gwybydded Gwen lliw'r ewyn,
       Fod llawer gwreiddyn chwerw'r ardd
       Ag arno hardd flodeuyn.

92   Gwych ydyw y dyffryn, y gwenith a'r ŷd,
       A mwyndir, a maenol, ac aml le clyd,
       Y llinos, a'r eos, ac adar y gân;
       Ni cheir yn y mynydd ond mawnen a thân.

93   Dy ddwy wefus, Besi bêr,
       Sydd iraidd dyner aeron;
       Ac mor felfedaidd, geinwedd, gu,
       Fal gweunydd blu dy ddwyfron;

On'd yw ryfedd, teg dy liw,
Mor galed yw dy galon!

94   Fe ellir rhodio llawer ffair,
A cherdded tair o oriau,
A charu merch o lawer plwy',
Heb wybod pwy sydd orau:
Mae'n anodd dewis derwen deg,
Heb arni freg yn rhywle.

95   Diofal yw'r aderyn,
Ni hau, ni fêd un gronyn;
Heb ddim gofal yn y byd,
Ond canu hyd y flwyddyn:

Eistedda ar y gangen,
Gan edrych ar ei aden,
Heb un geiniog yn ei god,
Yn lliwio bod yn llawen.

96   Mi'r wyf yn caru dau'r un enw, –
Siôn ŵr ieuanc, Siôn ŵr gweddw:
Ocha fi! nad yw yn gyfraith
I briodi dau ar unwaith.

97   Nid yw 'rhy' yn dda mewn unmodd,
Meddai doethion yr hen oeso'dd;
Ffordd ganolig rhwng dau ormod, –
Dyna'r ffordd sy'n glodfawr hynod.

98   Aelwyd serch sy' rhwng fy nwyfron,
Tanwydd cariad ydyw'r galon;
A'r tân hwnnw byth ni dderfydd,
Tra parhao dim o'r tanwydd:

A ffyddlondeb yw'r meginau,
Sydd yn chwythu'r tân i gynnau;
A maint y gwres, nid rhyfedd gweled
Y dŵr yn berwi dros fy llyged.

99   Mi ddymunais fil o weithiau
Fod fy mron o wydr golau,
Fel y gallai'r fun gael gweled
Fod y galon mewn caethiwed.

100   Blin yw caru yma ac acw,
Blin bod heb y blinder hwnnw;
Ond o'r blinderau blinaf blinder,
Cur annifyr, caru'n ofer.

101   Caled ydyw peidio caru,
Caled hefyd gwneuthur hynny;
Ond caletaf o'r caledion
Galw'r serch yn ôl i'r galon.

102   Tebyg ydyw morwyn serchog
I fachgen drwg mewn tŷ cymydog;
"A fynni fwyd?" "Na fynnaf mo'no",
Eto, er hynny, 'n marw amdano.

Hwiangerddi

1   Fuost ti erioed yn morio?
      Do, mewn padell ffrio,
      Chwythodd y gwynt fi i Eilo Man
      A dyna lle buom i'n crio.

2   Dacw long yn hwylio'n hwylus
      Heibio'r trwyn ac at yr ynys;
      Os fy nghariad i sydd ynddi,
      Hwyliau sidan glas sydd arni.

3   Mi welais beth ni welodd pawb,
      Y cwd a'r blawd yn cerdded;
      Y frân yn toi ar ben y tŷ,
      A'r malwod yn gwau melfed,
      Cywion gwyddau ac ebol bach,
      Fe ddaw C'lamai bellach.

4   Mae yn y Bala flawd ar werth,
      A Mawddwy berth i lechu;
      Mae yn Llyn Tegid ddŵr a gro,
      Ac efail go' i bedoli;
      Ac yng Nghastell Dinas Brân,
      Ddwy ffynnon lân i 'molchi.

5   Mae Twm Wil Siôn Harri
      A'i fryd ar briodi
      Heb atal tua Beti, merch Cati o'r Cwm,
      Os unir y ddeuddyn,
      Mi wn cyn pen blwyddyn,
      Bydd newyn yn canlyn y cwlwm.

6   Mae'n chwithig iawn am Wil o'r Llan,
      Ca'dd lawnder pan yn fachgen,

Yn mynd tua'r gwaith wrth fara haidd,
A hynny braidd heb gynnen,
A Mari'i wraig o'i ennill e
Yn yfed te a theisen.

7   Bûm yn caru merch o Saesnes,
Cloben felen, fawr, anghynnes;
Ond pan soniai am briodi,
No, indeed, I will not marry.

8   Tebyg yw dy lais di'n canu
I hen fuwch pan fo hi'n brefu,
Neu gi dall pan fyddo'n cyfarth,
Wedi colli'r ffordd i'r buarth,

9   O modryb! O modryb! Hi dowles ei chwd
Dros bont Aberglaslyn i ganol y ffrwd;
Cnau ac afalau oedd ynddo fe'n dynn;
Fe grynta fe'n 'difar gan modryb cyn hyn.

10   Mali fach yw merch ei mam,
Hi gaiff y gwin a'r bara cann,
Ond Deio bach, hoff fab ei dad,
E' ga' 'i chwipio nes bo'r gwa'd.

11   Maen' nhw'n dwedyd yn Llanrwst
Fy mod i'n llabwst meddw,
Ni fu'n wir o fewn fy safn
Erioed un dafn o gwrw;
Tra bo'r frân yn gwneud ei nyth
Ni fyddaf byth yn feddw.

12   Cleddwch fi pan fyddaf farw
Yn y coed dan ddail y derw;
Chwi gewch weled llanc penfelyn
Ar fy medd yn canu'i delyn.

13   Fe ddaw Ebrill, fe ddaw Mai,
Ac fe ddaw dail ar fedw;
Fe ddaw haf a thro ar fyd,
Tra mi o hyd yn weddw.

14   Lodes ei mam a lodes ei thad,
A fentri di gyda fi allan o'r wlad?
Lle mae gwin yn troi melinau,
A chan punt am gysgu'r borau.

15   Dicwm, dacwm, tair troed ffwrwm,
Mi euthum i'r cwm, mi gefais i godwm:
Ni welais erioed na chwm na choed,
Na chawswn i gwdwm.

16   Barcud y wiw, a fynni di gyw?
Mynna ddau os ca' i nhw'n fyw.

17   Mae Bili Bwtwn gloyw, a Mari fer ei cho's,
Yn caru ar yr aelwyd am dipyn mawr o'r nos;
'Ro'dd Mari'n dal ei thafod, a Bili'n gwedyd dim,
Beth wnawn ni 'nhymor gaea' am fwyd i'r ceffyl gwyn?

18   Aderyn bach a'i bluen sidan,
A'i big aur a'i dafod arian;
Dacw'r tŷ a dacw'r 'sgubor,
Dacw'r beudy a'r drws yn agor;
Dacw'r dderwen fawr yn tyfu,
A'r man lle mynnaf gael fy nghladdu.

19   Dacw mam yn dyfod ar ben y gamfa wen,
A rhywbeth yn ei barclod a phiser ar ei phen.

20   Shontyn, Shontyn, y gŵr tynn
Clywed y cwbwl a dweud dim.

21   Gyrru, gyrru, gyrru i Gaer,
      I briodi merch y Maer;
      Gyrru, gyrru, gyrru adre',
      Wedi priodi er ys dyddie.

22   Dau gi bach yn mynd i'r coed,
      Un yn codi'i gynffon, a'r llall yn codi'i droed;
      Dau gi bach yn dŵad adra',
      Blawd ac eisin hyd eu coesa'.

23   Mae gen i ebol melyn yn mynd yn bedair oed,
      A phedair pedol arian o dan ei bedwar troed;
      Mi neidith ac mi brancith o dan y feinir wen,
      Mi redith ugain milltir cyn tynnu'r ffrwyn o'i ben.

24   Siôn a Gwen sarrug, ryw noson wrth y tân,
      Yn sôn am eu cyfoeth, i ymremian yr aen';
      Siôn fynnai ebol, i bori hyd y bryn,
      A Gwen fynnai hwyaid i nofio hyd y llyn.

25   Gwelais neithiwr drwy fy hun
      Lanciau Llanfor bod ag un, –
      Rhai mewn uwd a rhai mewn llymru,
      A rhai mewn buddai wedi boddi.

26   Robin goch a'r dryw bach
      'N 'y nghuro fi fel curo sach,
      Codais innau i fyny'n gawr,
      Mi drawis Robin goch i lawr.

27   Glaw, glaw, cer ffordd draw;
      Haul a hindda der' ffordd yma.

28   Os tynni nyth y dryw, ni chei iechyd yn dy fyw;
      Os tynni nyth y robin, ti gei gorco yn dy goffin.

29   Jim cro crwstyn, torri pen y stennyn,
Jim cro crwstyn, torri pen y deryn.

30   Di-ling, di-ling, pwdin yn brin,
Meistr 'n cael tamed, a finnau'n cael dim.

31   'O gwcw, O gwcw, b'le buost ti c'yd?
Cyn dod i'r gymdogaeth ti aethost yn fud.'
'Mi godais fy aden yn uchel i'r gwynt,
Gan feddwl fod yma bythefnos yn gynt;
Ond peidiwch â meddwl fy mod i mor ffôl,
Ond corwynt o'r gogledd a'm cadwodd i'n ôl.'

32   Deio bach a minne
Yn myn'd i werthu pinne
Un res, dwy res,
Tair rhes am ddime.

33   Deio bach a minne
Yn myn'd i Lun'den g'lame,
Tywydd yn oer a'r ffordd yn bell,
Mae'n well inni aros gartre'.

34   Briodi di? Na wna' byth;
Wyt ti'n siŵr? Ydw'n siŵr.
Hen lanc yn byw fy hunan ydwyf fi;
Yn meddu cwrs o arian ydwyf fi;
Yn meddwl am briodi?
Priodi, na wnaf, byth,
Ond beth fydd gennyf wedyn
Ond poenau lond fy nyth?

35   Ar y ffordd wrth fynd i Lerpwl
Gwelais Wil ar ben y cwpwr;
Gofynnais iddo beth oedd o'n wneud,
'Bwyta siwgwr, paid â deud.'

36   Chwarelwr oedd fy nhaid,
         Chwarelwr oedd fy nhad,
         Chwarelwr ydwyf finnau,
         A'r gorau yn y wlad.

37   Os gwelwch chwi'n dda ga'i grempog?
         Mae mam yn rhy dlawd i brynu blawd,
         A 'nhad yn rhy ddiog i weithio;
         Halen i'r ci bach, bwyd i'r gath fach,
         Mae 'ngheg i'n grimpin eisiau crempog.

38   Mae gennyf ddafad gorniog
         Ac arni bwys o wlân,
         Yn pori ar lan yr afon,
         Ymysg y cerrig mân;
         Fe aeth 'na fugail heibio,
         Gollyngodd arni gi;
         Ni welais byth mo 'nafad,
         Ys gwn a welsoch chwi.
         Mi 'gwelais yn y Bala,
         Newydd werthu ei gwlân
         A phibell a thybaco,
         A thanllwyth mawr o dân.

39   Bachgen bach o Felin y Wig,
         'Welodd o erioed damaid o gig,
         Gwelodd falwen ar y bwrdd,
         Cipiodd ei gap a rhedodd i ffwrdd.

40   Mi af i Lunden G'lamai.
         Os byddaf byw ac iach,
         Ni 'rosa' i ddim yng Nghymru
         I dorri'm calon fach:
         Mae arian mawr yn Llunden
         A swper gyda'r nos,

A mynd i'r gwely'n gynnar,
A chodi am wyth o'r gloch.

41   Ar y ffordd wrth fynd i'r Betws
Gwelais wraig yn codi tatws;
Dywedais wrthi am beidio chwysu
Fod y bara wedi crasu.

42   Caru yng Nghaer a charu yng Nghorwen,
Caru yn Nyffryn Clwyd a Derwen,
Caru 'mhellach dros y mynydd,
Cael yng Nghynwyd gariad newydd.

43   Neidiodd llyffant ar ei naid
O Lansantffraid i Lunden,
Ac yn ei ôl yr eilfed waith
Ar ganllaw pont Llangollen;
Ond lle disgynnodd y drydedd waith
Ond yng nghanol caerau Corwen.

44   Mi af oddi yma i'r Hafod Lom
Er ei bod yn drom o siwrne,
Ac mi gaf yno ganu cân,
Ac eistedd ar fainc y simne,
Ac ond odid dyna'r fan
Lle byddaf tan y bore.

45   Dyfrdwy fawr ac Alwen
A aeth â defaid breision Corwen,
I'w gwneud yn botes cynnes coch
I blant a moch Llangollen.

46   Gyrru, gyrru drot i dre'
Dŵad adref erbyn te.

47 Mamgu, mamgu, dowch allan o'r tŷ,
    Mae Shôn a Shân ar gefn y ci.

48 Carreg o'r nant wnaiff Iant,
    Carreg o'r to wnaiff o – Ianto.

49 Morys y gwynt ac Ifan y glaw
    Daflodd fy het i ganol y baw.

50 Pwsi mew, pwsi mew,
    Lle collaist di dy flew?
    Wrth gario tân i modryb Shân
    Yng nghanol eira a rhew.

51 Elisabeth bach a briodwch chwi fi?
    Dyma'r amser gore i chwi;
    Tra bo'r drým yn mynd trwy'r dre',
    Tra bo'ch calon bach chwi yn ei lle.

52 A welsoch chwi wynt, 'welsoch chwi law,
    'Welsoch chwi dderyn bach 'mhell draw,
    'Welsoch chwi ddyn a bwtsias lledr
    Yn saethu llongau Brenin Lloeger?

53 Aeth fy Ngwen i ffair y Gelli,
    Eisio padell bridd oedd arni;
    Rhoth amdani saith o syllte,
    Cawsai hi adre am dair a dime.

54 Aeth fy Ngwen rhyw fore i olchi,
    Eisio dillad glân oedd arni;
    Tra bu Gwen yn 'mofyn sebon
    Aeth y dillad efo'r afon.

55   Aeth fy Ngwen rhyw fore i gorddi,
      Eisio 'menyn ffres oedd arni;
      Tra bu Gwen yn 'mofyn halan
      Aeth y ci a'r menyn allan.

56   Bu farw cath Doli, bu farw cath Gwen,
      Bu farw cath modryb gan gur yn ei phen;
      Mae cath yn yr Hendre yn sâl o'r un clwy',
      Daeth 'melltith a malltod' ar gathod y plwy'.

57   Mi brynais iâr a cheiliog,
      A hynny ar ddydd Iau;
      Mae'r iâr yn dodwy wy bob dydd,
      A'r ceiliog yn dodwy dau.

61   Hen wraig bach yn gyrru gwyddau, ar hyd y nos,
      O Langollen i Ddolgellau, ar hyd y nos;
      Ac yn dwedyd wrth y llanciau,
      'Gyrrwch chwi, mi ddaliaf finnau,'
      O Langollen i Ddolgellau,
      Ar hyd y nos.

Dychymygion
(Detholiad)

(Clywais hen bobl Meirionydd yn dweyd mai hen ddull y sir o dreulio hirnos gaua oedd gweu, canu telyn a chrwth, adrodd ystoriau am y Tylwyth Teg ac am ysbrydion, a holi ac ateb dychymygion. *Cymru*, i. tud, 173.)

1   Pa beth y mae pawb yn ei wneud ar yr un adeg? – *Mynd yn hen.*

2   Beth yw hwnnw nad yw na chig nac asgwrn, ac eto sy'n berchen pedwar bys ac un fawd? – *Maneg.*

3   Beth yw hwnnw na welir ond ddwywaith mewn blwyddyn, unwaith mewn wythnos, ac unwaith yn y dydd? – *Y llythyren 'Y'.*

4   Beth aiff i fyny yn wyn ac a ddaw i lawr yn felyn? – *Wy.*

5   Beth sydd ar fwrdd y brenin a'i ddagre ar ei ruddie? – *Ymenyn.*

6   Beth sydd ar bob peth yn y byd,
      Ar gi a chath hefyd? – *Enw.*

7   Pa awr yn y flwyddyn sydd cyhyd â mis? – *Ion-awr.*

8   Paham y mae pobydd fel clo drws? – Am ei fod yn cadw '*pop-ty'.*

9   Dychymyg, dychymyg, mi gollais fy mhlant,
      Bob yn saith ugen, bob yn saith gant. – *Coeden yn colli ei dail.*

10   Mae rhywbeth bach yng Nghymru, chwi ellwch weld ei lun,
      Ni fedr ddim ei hunan, ond dysgodd lawer un,
      Nid yw'n y tân na dyfroedd, mae yn y moroedd maith;
      Mae hefyd mewn ymadrodd, ond ni fu 'rioed mewn iaith.
            Pa beth yw? – *Y llythyren 'M'.*

11   Cist fach yng ngwaelod nant,
      Agoriff un, nis cauiff cant. – *Cneuen.*

12   Beth rêd yn gynt ar ôl torri ei phen? – *Ffos.*

13   Beth sydd yn hwy ar ôl torri ei phen? – *Ffos.*

14   Cnoc, cnoc yn y coed,
      Esgid haearn am ei throed. – *Bwyall.*

15   Beth aiff yn gynt ar ôl torri ei choes? – *Rhedynen o flaen corwynt.*

16   Beth sydd yn ddu fel y frân, ac yn grwn grwn fel pec, a chynffon hir, hir, a thwll yn ei blaen? – *Padell Ffrio.*

17   Beth ddalith ddafad heb redeg dim? – *Miaren.*

18   Mi gladdes hen gyfeilles oedd annwyl iawn gen i,
      Mi roes ei chorff i orffwys ym mhridd y ddaear ddu;
      Mae'n rhyfedd gen i feddwl y dydd cawn eto gwrdd
      I hyfryd fwyn gydwledda, hyhi fydd ar y bwrdd. – *Taten.*

19   Beth sydd yn yr afon ar le sych [ar les ych]? – *Dŵr.*

20   Beth sydd yn mynd o hyd, ac eto yn ei unfan? – *Awrlais* [Cloc].

21   Yr oedd afal ar goeden a thri o fechgyn yn ceisio amdano, a chafodd bob
      un afal? – *'Bob'* oedd enw un o'r bechgyn.

22   Beth sydd yn troi i bob tŷ wrth fyned o'r Bala i Ddolgellau? – *Llwybr.*

23   Beth aiff yn fwy wrth ei naddu? – *Twll clicied.*

24   Ganwyd baban yn Llan Gam,
      Heb fod yn fab i'w dad nac yn fab i'w fam,
      'Doedd o yn fab i Dduw nac yn fab i ddyn,
      Ac eto'n blentyn fel pob un. – *Merch oedd y baban.*

25   Beth sydd mewn môr a mynydd ac mewn pedwar mis o'r flwyddyn, –
      Mawrth, Mai, Mehefin dawel,
      Diwedd Medi mae'n ymadael! – *Y llythyr 'M'.*

26   Pwy fu farw cyn geni ei dad? – *Cain.*

27   Paham y mae defaid gwynion yn bwyta mwy na defaid duon? – *Am fod
      ychwaneg ohonynt.*

28   Paham yr edrych y fuwch dros y mur? – *Am na all weled trwyddo.*

29   Beth â i fyny y graig,
      Nid gŵr, nid gwraig,
      Nid march pedolog,
      Nid 'deryn 'sgellog? – *Niwl.*

30   Beth sydd â'i lond o fwyd, a llond ei safn o ludw? – *Pobty.*

31   Beth sydd â'i ben ymhob tŷ? – *Llwybr.*

32   Dyn yn y bôn, pren yn y canol, rhawn at ei war, a dur yn ei flaen. – *Dyn
      yn pysgota.*

33   Beth sydd â'i ddeupen yn y dŵr a'i ganol yn sych? – *Pont.*

34   Pwy laddodd un ran o bedair o drigolion y byd? – *Cain.*

35   Pwy sydd yn gynt na physgodyn? – *Hwnnw fedr ei ddal.*

36   Beth aiff oddi yma i Lunden a'i hwyneb tuag adre? – *Pedol.*

37   Mi welais ryw wrthrych yn agos i dref,
      Mewn palas tra chywrain rhwng daear a nef,
      Mae ganddi wych gynffon bron cyrraedd y llawr,

A'i thafod yn hongian mewn penglog tra mawr;
Hi dreulia'r rhan fwyaf o'i hamser yn fud,
Ond weithiau hi eilw ei chyfeillion ynghyd. – *Cloch*.

38 Beth aiff i fyny yn felyn ac a ddaw i lawr yn wyn? *Ŷd yn y felin*.

39 Paham y mae'r fuwch yn brefu? – *Am na fedr hi ddim siarad*.

40 Paham y mae melinydd yn gwisgo het wen? – *I gadw ei ben yn gynnes*.

41 Sut mae dyn balch yn debyg i afal? – *Am ei fod bob amser yn llond ei groen*.

42 I ba ddau beth y mae dyn wedi ei gyfyngu yn y byd hwn. – *Amser a lle*.

43 Mae gwreigan fwyn addas yn dyfod i'n gwlad,
Deuddeg o feibion a'r rheini o'r un tad,
A thri chant o wyrion a thrigain a phump,
Os medrwch ei henwi mynegwch i mi. – *Blwyddyn*.

44 Yn erbyn beth y syrthiodd bachgen o ben coeden? – *Yn erbyn ei ewyllys*.

45 Pa ddau ni anwyd a fuont farw? – *Adda ac Efa*.

46 Beth fyddai ar obennydd Og brenin Basan? – *Pen Og*.

47 Os oedd Dafydd yn dad i Solomon, a Joab yn fab i Serfiah, pa berthynas oedd Serfiah i Joab? – *Mam*.

48 Beth sydd yn ddu, ddu fel y frân,
Ac yn wyn, wyn fel yr eira? – *Pioden*.

49 Yr oedd gan ddyn chwech o blant; yr oedd ganddo hefyd goeden afalau. Ni ddaeth ond un afal ar y goeden, ac eto rhoddodd afal i bob un o'r plant. – *Bob oedd enw un ohonynt*.

50 Beth aiff i fwrdd y brenin heb gywilydd arno? – *Yr Haul*.

51 Beth sydd â thwll i fynd iddo, ond yr un i ddod ohono? – *Hosan*.

52 Pa bysgodyn sydd â mwyaf o ffordd rhwng ei glustiau? – *Y pysgodyn mwyaf*.

53 Beth sydd yn debyg i ddyn ar gefn ceffyl? *Dyn ar gefn ceffyl arall*.

54 Beth sydd debyca i hanner lleuad? – *Yr hanner arall*.

55 Beth ddaw i'r tŷ a'r drws ynghau? – *Goleuni*.

56 Beth gleddir yn un ac a godir yn llu? *Pytaten*.

57 Beth sydd debyg i gath yn edrych drwy y ffenestr? – *Cath yr ochr arall*.

58 Ym mha fis y bydd y merched yn siarad leiaf? – *Ym mis Chwefror*.

59 Sut y mae O yn debyg i ynys? – *Am ei bod yng nghanol môr*.

60 Prun drymaf, pwys o blu ynte pwys o blwm? – *Yr un faint*.

61 Beth sydd ganddi wely, ond nid yw byth yn gorwedd ynddo? – *Yr afon*.

62 Beth sy'n mynd, mynd o hyd ac heb symud dim? – *Ffordd.*

63 Pe bai tad Jac yn fab John, pa berthynas fuasai Jac i John? – *Ŵyr.*

64 Beth gadwa fwy o sŵn na mochyn o dan y llidiart? – *Dau fochyn.*

65 Pa beth y mae pobl Trawsfynydd yn ei wneud pan fydd yn bwrw glaw?
   – *Gadael iddi lawio.*

66 Pwy oedd tad meibion Zebedeus? – *Zebedeus.*

67 Milgi main brathog,
   Yn clecian yn gynddeiriog. – *Gŵn.*

68 Siambar wen galchog â'i llond hi o fwyd marchog. – *Wy.*

69 Beth aiff i fyny'r goeden â'u pennau i lawr a'u traed i fyny? – *Hoelion mewn esgid.*

70 Dychymyg, dychymyg, pwy 'di'r ferch fonheddig,
   Nid Gwenlliw, nid Gwenllian, ond mi henwais hi 'rŵan. – *Nid.*

71 Beth droedith y mynydd yn gynt nag aderyn asgellog? – *Niwl.*

72 Pa gerrig sydd amlaf yn yr afon? *Cerrig gwlybion.*

73 Beth aiff yn llai wrth ychwanegu ato? *Twll mewn hosan.*

74 Pa sawl cynffon buwch gyrhaedda o'r ddaear i'r lleuad? – *Un, os bydd yn ddigon o hyd.*

75 Beth sydd yn cael blaenoriaeth ar aelwyd pawb trwy'r wlad?
   A mynn fod yn y canol lle byddo mam a thad;
   Y taid a'r nain a'i dygai i'w canlyn i bob man;
   A'r brawd a'r chwaer orfydda ei dderbyn fel eu rhan? – *Y llythyren A.*

76 'Rwy'n nabod dau gymydog, croesdynnu maent o hyd;
   Croesdynnu yw eu bwriad tra bônt hwy yn y byd.
   On'd ydyw hyn yn rhyfedd yng ngolwg dynol ryw:
   Po fwyaf fo'r croesdynnu, well, well maent hwy yn byw. – *Dau Lifiwr.*

77 Pa fodd y mae arian a thail yn debyg i'w gilydd?
   – *Am na fyddant o ddim defnydd hyd nes y gwasgerir hwynt.*

78 Pa bryd y bydd y mur yn debyg i bysgodyn? – *Pan fydd yn magu cen.*

79 Pa beth yw'r hyn y dylai pob dyn ei gadw, ac hefyd ei roddi? – *Ei air.*

Arwyddion Angau

1 Roedd i gloch Eglwys Llanenddwyn yn Ardudwy roddi tinc ohoni ei hun yn y nos yn arwydd sicr mai'r hwn a'i clywodd fyddai'r cyntaf i gael ei gladdu yn yr ardal.

2 Ci yn udo yn y nos. Roedd ei weld yn crafu ar yr aelwyd, ac yn udo, yn arwydd fod marwolaeth un o'r teulu wrth y drws.

3 Credid os gwelid plentyn mwy hengall a phert na'r cyffredin, mai oes fer a gaffai hwnnw.

4 Clywed ceiliog yn canu ar ei glwyd yn nyfnder nos. Os byddai ei ben tuag at yr anedd-dy, yr oedd hynny'n arwydd mwy diamheuol fyth.

5 Sŵn fel sŵn cloch yn y glust.

6 Siglo crud gwag – byddai'r plentyn (yr arferid ei siglo ynddo) yn sicr o farw yn ebrwydd.

7 Roedd gweld yr arch yn gogwyddo i gwympo oddi ar yr elor ar y ffordd i'r fynwent yn arwydd diamheuol fod claddedigaeth arall i fynd yr un ffordd yn fuan.

8 Os digwyddai dau angladd yn lled fuan y naill ar ôl y llall, byddai'r trydydd yn sicr o ganlyn yn ebrwydd.

9 Clywed dylluan yn sgrechian.

10 Clywed iâr yn canu fel ceiliog.

11 Os digwyddai i bren afalau flodeuo yn anamserol yn yr ardd, gellid mentro mai 'blodau'r bedd' i ryw berthynas agos – os nad un o'r teulu – a fyddent.

12 Gweld teulu mewn galarwisg am y tro cyntaf: credid na allent fynd o'r wisg honno wedi hynny am dymor hir, am y tybid y dilynid y farwolaeth gan un arall yn fuan.

13 Angladd yn gorymdeithio tua'r fynwent yn gyflymach nag arferol: roedd hyn yn arwydd y cleddid un arall o'r teulu'n fuan.

14 Roedd aderyn corff yn gennad angau. Pan gurai hwn yn ffenestr y claf byddai'n llawn bryd darparu ar gyfer y gladdedigaeth.

15 Breuddwydio ein bod yn colli rhai o'n dannedd.

16 Clywed sŵn canu dieithr yn pasio'r tŷ yn nyfnder nos.

17 Cyfarfod ag angladd ganol nos.

18 Gweld cannwyll gorff, sef golau o liw glas-lin yn ymsymud tuag uchder ysgwydd gŵr.

19 Dau neu dri o anifeiliaid yn yr un lle yn trengi yn agos i'w gilydd: roedd hyn yn rhagarwyddo y byddai anffawd neu farwolaeth yn cyfarfod y penteulu hwnnw yn fuan.

Ysbrydion
(Detholiad)

Ysbryd Carreg y Gŵr Drwg: Ar ochr orllewinol Cadair Idris, yn gymwys ar derfyn plwyf Llanfihangel a Thalyllyn, y mae carreg wastad, lle y byddai trigolion y ddau blwyf oesoedd yn ôl yn arfer cyfarfod ar y Sabathau i ddawnsio; a dywed llên gwerin y byddai y bodau bychain, heini ac ysgafndroed, a elwid y Tylwyth Teg, yn ymweld â'r un lannerch ar nosweithiau lloergan, gan ganu, neidio, a dawnsio, hyd oni chlywid 'mab yr iâr' yn eu rhybuddio i fynd adref. Ar ryw adeg, pan oedd y ddeu-blwyf wedi ymgyfarfod i gynnal dawnsfa wystledig ar Sul y Pasg, ac ar ganol eu dawns gwnaeth y gŵr drwg ei ymddangosiad ar lun asyn yn eu canol; ac wedi rhoddi oernad ofnadwy, nes oedd creigiau'r Gadair yn crynu, rhoddes dro dair gwaith ar y dawnsfaen; ac erbyn hyn yr oedd y dawnswyr a'r edrychwyr yn ffoi am y cyntaf tua chyfeiriad Talyllyn a Llanfihangel; ac y mae'n dra thebyg iddynt fynd i'r llanau i orffen eu Sabath, ac i wneud iawn am eu camwedd. Yn y canlyniad i'r tro uchod, dywedir y bu'r garreg am amser maith heb neb yn ddigon calonnog i fynd yn agos ati, gan ofni fod 'y gŵr drwg' yn llechu o'i deutu. Ond ymhen rhyw ysbaid o amser daeth dau fachgen gwrol i fugeilio i'r gymdogaeth – y naill i Ben-y-Coed a'r llall i Riw Ogo – a phenderfynodd y ddau, er yn bryderus, fynd tua'r fan, lle hefyd yr aethant yn grynedig; ac er na welsant yr asyn y clywsent gymaint amdano, na dim yn debyg iddo, eto fe welsant ddigon i'w hargyhoeddi o wirionedd y chwedl; canys yr oedd ôl traed yr asyn yn aros yn amlwg, wedi suddo tua dwy fodfedd i'r garreg, ac erys felly hyd heddiw! Dyna draddodiad 'Carreg y Gŵr Drwg', fel y'i hadroddir gan werin yr ardaloedd mynyddig tua godre Cadair Idris. Y mae enwau ugeiniau o bersonau wedi eu cerfio ar y garreg, ac y mae amryw ohonynt yn hen iawn, fel y gwelir wrth yr amseriadau cysylltiedig â rhai ohonynt; y mae un ohonynt, o leiaf, can hyned â'r flwyddyn 1564.

Ysbryd Hen Ŵr y Clogwyn: Digwyddpdd i hen ŵr Clogwyn Nanmor, o'r enw R. Roberts, fynd heibio i Gapel Gwynen ryw ddiwrnod glawog, ac fe drodd i mewn i'r porth i ochel y glaw; aeth i mewn i'r capel, ac yno fe a welai'r Beibl yn ngen gwyn o lwydni! Wrth ei weld yn pydru, ac yn llwyr ddi-les yno, fe'i cymerodd adref, lle y mae'n debyg y cafodd lawer o bleser ac adeiladaeth wrth ei ddarllen. Bu'r hen ŵr farw ymhen ychydig flynyddoedd wedi hyn, a dechreuodd rhywbeth flino'r teulu yn erwinol yn ddi-oed; byddid yn gweld yr hen ŵr yn ymrithio yn feunosol o amgylch y tŷ, ar y llwybrau, ac yn y caeau. Bu'n cythryblu'n dost felly, hyd oni chafwyd rhywun digon gwrol i fynd i ymddiddan ag ef; pryd y deallwyd mai'r Beibl mawr oedd yn blino ysbryd yr hen Robert. Felly, rhoed y Beibl mewn cwd, ac anfonwyd ef yn ôl gydag un o'r merched fore drannoeth, i'w roddi ar y ddarllenfa, o'r lle y'i cymerwyd.

Bwgan y Bont: Yr oedd yr ysbryd hwn yn peri llawer o flinder i bobl y Blaenau, plwyf Llanfachraeth. Byddai y rhan fynychaf i'w weld ar lun ci yn crogi o dan fwa'r bont sydd gerllaw y Blaenau. Un tro gwelwyd ef gan amaethwr parchus o'r gymdogaeth, ac un a gyfrifai ei hun yn gawr mewn gwroldeb; a thaflodd garreg ar feddwl ei daro, ond gafaelodd rhyw adwyth ynddo ar y pryd a droes yn llewygon arno, a bu yn wael ei iechyd am y gweddill o'i oes. Credai pawb o'i gydnabod mai dyna'r ffordd y collodd ei iechyd, a dyna oedd ei dystiolaeth ef ei hun.

Ysbrydion Pont y Glyn Diffwys: Saif y bont hon mewn lle anial rhwng Corwen a Cherrig-y-Drudion, a chroesa'r afon uwchlaw ceunant erchyll. Dywed llên gwerin fod cryn lawer o bobl wedi eu llofruddio yng nghymdogaeth y bont uchod, a bod y lle mewn canlyniad yn nythle ysbrydion. Ni cheid neb yn yr hen amseroedd yn fodlon pasio Pont-y-Glyn-Diffwys ar ôl i 'fantell y nos guddio gwedd bywyd y dydd o'u gŵydd'.

Ysbryd Pwlpud y Cythraul: Ar gwrr y briffordd, yn ngodre coedwig y Gromlech, ym mhlwyf Celynnin, y mae craig hynod, a oedd, cyn dryllio rhannau ohoni, yn debyg o ran ffurf i bwlpud, ac a adnabyddid wrth yr enw 'Pwlpud y Cythraul'. Dywedir i amryw weld y 'gŵr drwg' yn symud arni mewn amryw ffurfiau; ond yn ffodus nid yw yntau yma mwy.

Ysbryd Ffynnon Gnidw: Y mae ffynnon Gnidw gerllaw cartref y diweddar Rhys Jones o'r Blaenau. Byddai ysbryd Ffynnon Gnidw yn arfer neidio ar gefn march taid Rhys Jones pan fyddai'n mynd adref o'r Eglwys, ac yn aros yno hyd oni ddisgynnai'r hen ŵr, wedi cael ei gario tua milltir o ffordd.

Ysbryd Bwlch Oerddrws: Deuir i'r bwlch hwn trwy esgyn rhiw serth ar y ffordd o Ddinas Mawddwy i Ddolgellau. Byddai'r lle anhygyrch hwn gynt yn cael ei aflonyddu gan fodau amgen na dynol, 'ar ôl i ryw ddyn oedd yn gwerthu nwyddau hyd y wlad gael ei dagu i farwolaeth gan lofrudd er mwyn cael ei eiddo'.

Ysbryd yr Henblas: Un tro daeth llong ddieithr i borthladd Abermaw; rhedodd i dir o flaen storm, ac aeth yn ddrylliau. Ymysg y rhai a achubwyd yr oedd boneddwr a chanddo lawer iawn o drysorau o'i amgylch. Aeth i letya i'r Henblas, gan mai dyna'r unig dŷ i foneddigion y pryd hynny. Ond y gwirionedd sobr yw na welwyd na migwrn nac asgwrn ohono ar ôl y noson honno; ond bu ei ysbryd yn aflonyddu ar heddwch teuluoedd yr Henblas am oesoedd ar ôl hynny. Byddai'n 'fyd blin' ar y rhai hynny a ddigwyddai fod yn cysgu yn yr ystafell y buasai'r boneddwr yn huno ynddi.

Ysbryd Ceunant Cynfal: Yr oedd ar lawer o'r hen bobl ofn mynd heibio Ceunant Cynfal ymhell ar ôl claddu Huw Llwyd gan y credent fod ysbrydion yn parhau i fynychu'r lle, a bu'r wlad hyd yn ddiweddar iawn heb ei chwbl glirio oddi wrth yr ofergoelion hyn. Ryw dro oddeutu diwedd y ganrif ddiwethaf, yr oedd Gaynor Morris, merch y Parch. David Morris, M.A., offeiriad Ffestiniog, a breswyliai yn Cynfal, wedi mynd allan yn y nos. Gan na ddychwelsai aed i chwilio amdani. Methwyd â'i chanfod hyd y bore, pan gafwyd hi wrth ddrws beudy Tŷ'r Ynys, wedi colli ei synhwyrau, a chredai'r hen bobl yn ddiysgog mai yr 'ysbryd drwg' oedd wedi ei llusgo yno.

Ysbryd Nant y Fiaren: Mewn lle o'r enw Tŷ Llannerch, islaw Corwen, y mae nant o'r enw Nant y Fiaren. Yma y bu y diafol neu rai o'i weision, yn ymddifyrru mewn dychrynu'r ffordolion. Ond nid oedd yr un drwg i gael ei ffordd ei hun y pryd hwnnw, ond deuwyd i'r penderfyniad i'w lusgo ymaith efo dau ychen bannog. Ac ar ôl cael dau ddigon cryf, ac offeiriad medrus gyda'r gwaith, llwyddwyd i'w fachu o'r diwedd; ac ymaith ag ef i fyny'r nant ar hyd ffordd anhygyrch, i lyn a elwir Cefn y Cloeon. Y mae ôl traed yr ychen i'w gweld eto yn y graig yn y nant uchod; ac yn uwch i fyny y mae y lle a elwir Moel Gyrn, oherwydd i'r ychen fwrw eu cyrn yno wrth dynnu, ac ymlaen drachefn y mae Maes y Perfedd, gan mor anhywaith oedd y diafol, fel y daeth rhan o berfedd un o'r ychen allan. Cafwyd heddwch gan yr 'ellyll o hynny allan'.

Ysbryd Pistyll Mawddach: Yr oedd hen ŵr pur annuwiol na thalai ddegwm un amser, ac na welid dydd yn y flwyddyn pan nad oedd yn dweud ei baderau nac yn gwrando offeren, yn byw yn y Frïog, ac oblegid ei gyndynrwydd a'i lygredig ymddygiadau fe'i hysgymunwyd gan frodyr llwydion a duon y Faner, oblegid ganddynt hwy, rhyngddynt, yr oedd y Fynachlog yr adeg hon. Nid ymwnaeth â chyffes na chymun hyd ei awr olaf, a'r canlyniad fu iddynt ei orfodi i dderbyn y vaticum ar bwys penyd o gael ei boeni ym Mhistyll y Cain fel arwydd glanhad am ei losgach, a dywedir y byddai sgrechfeydd ofnadwy yn dod o'r ogof ar amserau, yn enwedig felly pan fyddai llifogydd yn yr afon, neu ynteu, pan fyddai rhewogydd wedi cloi'r dŵr. (*Taliesin*, pen. i., tud. 134.)

Ysbryd Hen Wraig Bwth-y-Cleiriach: Digwyddai fod hen wraig y Bwth yn ymolchi yn hwyr un noswaith, pan oedd un o feibion Cwmbywydd yn mynd adref o ffair y Llan. Wrth weld golau edrychodd trwy y ffenestr, a gwaeddodd ar yr hen wraig am fynd i Cwmbywydd cyn dydd drannoeth. Aeth ef ymlaen adref, a dywedodd wrth ei fam iddo weld 'ymg'leddu corff' hen wraig Bwth-y-Cleiriach, oddi wrth yr hyn y deallodd hi fod yr hen wraig wedi marw. Pan oedd wrthi gyda'i gwaith yn y gegin yn fore drannoeth, daeth hen wraig y Bwth i mewn; meddyliodd hithau mai ysbryd ydoedd, ffôdd allan a gadawodd rhwng yr ysbryd a'r tŷ.

Ysbrydion Mawddwy: Bu llawer o sôn yn yr amser a fu, a chofir eto hefyd, am waith y bodau anweledig ac annerbyniol hyn yn talu ymweliadau ymrithiol â rhai lleoedd yn Nyffryn Mawddwy, gan gyflawni peth wmbredd o weithredoedd ofnadwy o ryfedd ac anesboniadwy, a pheri llawer o flinder a braw i'r preswylwyr. Lawer gwaith y buwyd gynt ymron llewygu gan ofn wrth wrando chwedlau yr ysbrydion; ac os byddai rhywun yn gwybod mwy na'r cyffredin o'r cyfrinion, dywedid ei fod yn dal cymundeb â'r 'gŵr drwg'. Y mae aml i stori ym Mawddwy â'r hen Ddr. Davies yn ganolbwynt iddi. Ymddengys, fel y dywed traddodiad, y medrai ef wneud fel y mynnai â'r gŵr du. Traethir chwedlau lawer a rhyfedd am Ysbryd y Bryn – yr hen balas hardd a saif gerllaw pentref Llanymawddwy. Oddi mewn ac oddi allan o amgylch yr anedd-dŷ hwn, ymddangosodd o bryd i bryd ryw ddrychiolaeth a gyflawnodd gyfres hir o gastiau rhyfedd a dychrynllyd. Bu llawer o sôn hefyd am stranciau enbyd Ysbryd y Castell, a'r blinder a'r ofn a barodd i lawer yn amser ei ymdaith yno. Ond y lle yn bresennol, sydd mewn perffaith dawelwch oddi wrth wehelyth y drychiolaethau. (*Hanes Dinas Mawddwy*, tud.34.)

Ysbryd Uffern Gerrig: Mae Uffern Gerrig yn fangre wyllt ac ofnadwy yr olwg arni, islaw ffermdy Pontfadog, ac uwchlaw afon Ysgethin, yn Nyffryn Ardudwy. Yn yr amser a fu coelid pe ymwelid â'r lle hwn am hanner nos y canfyddid ysbryd, y clywid sŵn trystfawr, ac y teimlid y lle'n dirgrynu. Yn gyffelyb, credid am Garreg Pen y Golwg, gerllaw Ty'n y Groes.

Ysbrydion Mynach a Milwr: Arferid credu gynt fod ysbrydion rhyw fynach a milwr yn gwarchod uwchben hen olion mynachlog hynafol a welir yng Ngwern y Capel, ar ffermdy yr Ystumgwern, yn Nyffryn Ardudwy. Tybid fod 'crochan llawn o aur' o dan yr adfeilion, a dywedid mai gwylio hwn rhag lladron oedd gwaith yr ysbrydion.

Ysbryd Daniel y Milwr: Roedd Daniel yn filwr dewr ac ymladdwr a ystyrid yn ddihafal am ymlid gelynion. Ystyrid ef yn gryfach na dynion cyffredin, a marchog oedd y gŵr. Un diwrnod, pan yn dianc o flaen ei erlidwyr ar gefn ei farch gwyn, syrthiodd yn bendramwnwgl dros graig yng nghyffiniau Ystum-gwaed-noeth, a threngodd. Claddwyd ef gerllaw'r lle, a chyfodwyd maen i ddynodi ei feddrod, ac arno cerfiwyd yr enw 'Daniel'. Byddid gynt yn ofni mynd heibio'r fan, oblegid gwelwyd pethau anferthol yno, a chlywyd dolefiadau gwichlyd erchyllach na hynny. Erys maen beddrod Daniel y milwr hyd yr awr hon yng nghwrr uchaf Ffridd Bryn-blew.

Ysbryd Hen Ŵr Bryn Golau: Y mae'r lle hwn yng Nglyn Dyfrdwy. Yr oedd ymddangosiad ysbrydion yn beth tra ffynedig yng Nglyn Dyfrdwy yn yr hen amser. Ymddangosent yn y caeau a'r coed, wrth bob llidiart, ar bob camfa, ac ar ben pob craig. Gwelwyd ysbryd hen ŵr Bryn Golau un tro gan hen wraig o'r gymdogaeth, a phan gyrhaeddodd ei chartref edrychai mor welw â'r wal wen, ei hanadl yn ei dwrn, a methodd am amser yngan gair. Pan ddaeth ychydig ati ei hun dywedodd yn frawychus iddi weld ysbryd hen ŵr Bryn Golau wrth lidiart y ffordd oedd yn arwain i fyny at ei thŷ. Cariai lusern oleuedig yn ei law, agorodd y llidiart iddi, ac arweiniodd hi nes dyfod ar gyfer ei hen breswylfod, pan ddiflannodd yn sydyn o'i golwg.

Ysbryd yn dychryn Ymladdwyr: Gerllaw ffermdy Cae'r Ffynnon, ar dir Tyddyn Llidiart, ceir dau lecyn a elwid gynt yn 'Glwt y Chwaraefa' a'r llall yn 'Llety'r Cweryl'. Ar y llecyn cyntaf chwaraeid pob math o fabolgampau ac ymrysonau, ac weithiau elai'n anghydfod rhwng y pleidiau ynghylch pwy fyddai wedi ennill y gamp. Os rhoddid her i ymladd, ymneilltuai'r pleidiau i'r llannerch olaf a nodwyd i benderfynu'r ddadl trwy ornest neu ymladdfa. Ond ryw dro, a hi'n nesáu at wyll yr hwyr, ymddangosodd ysbryd yn eu plith ar lun eidion enfawr a hir-glustiog, a chanddo wyneb fel gwyneb dyn, ac iddo draed fel traed llew, ac wedi iddo chwalu'r pleidiau ymladdgar oddi wrth ei gilydd, rhoddodd un naid anferth i odre'r Moelfre, lle y gwelir hyd y dydd hwn nôd ar garreg a elwir Llun Troed yr Eidion, sef y man y disgynnodd, yn union gerllaw Penrhos Dinas yn Ardudwy. Nid aeth neb byth wedi hynny, medd y traddodiad, i chwarae nac i ymladd i'r ddau le a nodwyd.

Y Ladi Wen: Ar ganol Bwlch y Rhiwgur, yn Ardudwy, ceir talp o graig a adnabyddir wrth yr enw hynod 'Y Ladi Wen'. Dywed traddodiad i foneddiges uchelwaed gael ei llofruddio yn y bwlch hwn gan ysbeilwyr, a chredai'r hen bobl mai ysbryd honno a drodd y graig dan sylw ar ffurf a llun merch. Credent hefyd fod y pistyll dŵr sydd gerllaw yn sisial yn oesoesoedd, – 'Dial! Dial!'

Ysbryd Corlan yr Ŵyn: Dywed llên gwerin i wraig ladd ei baban a'i gladdu yn y gorlan hon, a bod ei ysbryd yn ymddangos ynddi ar adegau. Credid y gellid, ar brydiau, glywed yn eglur lais y baban yn 'crio'. Y mae Corlan yr Ŵyn ar ben Bwlch y Rhiwgur.

Ysbryd Bedd Dorti: Y mae Bedd Dorti ar lan Llyn Tecwyn Uchaf, ym mhlwyf Llandecwyn. Parha i fod yn ddychryn i blant yr ardal ers cenedlaethau lawer. Ar y bedd y mae nifer o gerrig gwynion bychain; a pha blentyn bynnag a gymer un o'r cerrig hyn ymaith, cyfyd ysbryd Dorti ato, a theifl ef i'r llyn, ac aiff hithau â'r garreg wen yn ôl ar y bedd.

Huw Llwyd a'r Ysbryd: Mae ynghanol rhaeadrau rhamantus Cynfal y gadair gerrig, a adwaenir hyd heddiw fel 'Pwlpud Huw Llwyd'. Yno i ganol gorddyar a chrygddwndwr byddarlef y rhaeadrau, cyrchai yn y nos wrtho ei hun i fyfyrio, er mawr ofid i'w wraig, yr hon fyddai'n ymgreinio yn y gwely, ac yn disgwyl bob munud iddo ddod i'r tŷ 'cyn oered â llyffant'. Yn ôl y chwedl, Huw Llwyd oedd tad Morgan Llwyd o Wynedd, y pregethwr nodedig. Pa fodd bynnag, penderfynodd ei wraig dynnu'r arferiad o fynd i'r pwlpud cerrig gefn y nos o'i gŵr. Anfonodd ei brawd mewn cynfas wen i'w ddychryn. Aeth y brawd, gan wneud ystumiau mor fwganllyd ag y medrai. "Holo! Pwy wyt ti?" ebe Huw Llwyd wrth ei ganfod yn nesu ato, "Ai ysbryd wyt ti? Pa un ai ysbryd da ai ysbryd drwg wyt ti?" Ond ni feddai y ffug-ysbryd air i'w ateb. "Os ysbryd da wyt ti, ni wnei ddim niwed i mi er mwyn Morgan fy mab; ac os ysbryd drwg wyt ti, ni wnei dithau ddim niwed i mi, 'does bosibl, a minnau yn briod â dy chwaer di." Yr oedd y dyn yn y gynfas wen yn dechrau crynu erbyn hyn. "Rwan amdani hi'r gwyn," ebe Huw Llwyd, "gwylia di'r Du ei fywyd, a Huw Llwyd yn bloeddio nerth ei ben, "Hwi'r Du! Hwi'r Gwyn," &c., nes oedd ei frawd-yng-nghyfraith bron â llewygu gan ofn; ac aeth i'w wely'n glaf, oherwydd cael ei hela gan ysbryd! (*Cymru Fu*, t.174-5)

Drychiolaethau Nosawl

Anhun: Math o hunllef. Sonia Glasynys am y ddrychiolaeth yn ei *Fyfanwy Fychan*, a cheir ganddo y nodiad canlynol:- 'Ystyrid Anhun yn yr amseroedd gynt yn anferthach na'r Hunllef ei hun, a melltith ofnadwy oedd cael (o neb) ei farchog gan yr ellylles hon'.

Cŵn Annwn: Yn ôl yr hen ofergoel, oeddynt ysbrydion uffernol ar ddull huadgwn; a byddai tân yn ymddangos o'u cwmpas, neu'n dyfod allan o'u safnau bob amser y gwelid hwy. Adroddir y chwedl ganlynol yng nghymdogaeth y Bala:- 'Oesau yn ôl, fel yr oedd dyn nad oedd wedi bod ar y neges orau yn croesi Cefn Creini, gefn trymedd y nos, gan fyfyrio yn bendrist ar yr hyn fuasai yn ei wneud, clywai gyfarthiad isel, brawychus, yn y pellter; yna un arall, ac un arall, yna hanner dwsin a mwy; a chyn pen ychydig deallodd ei fod yn cael ei ymlid gan gŵn, ac mai Cŵn Annwn oeddynt. Gwelai hwy'n dyfod, ceisiai ffoi, ond teimlai fel yn hollol ddinerth, ac ni allai wneud. Nes, nes y deuent, a gwelai y bugail gyda hwy, gydag wyneb du a chyrn ar ei ben. Yr oeddynt wedi ei amgylchu, ac yn sefyll yn hanner cylch ar fin rhuthro arno, pan gafodd waredigaeth ryfedd. Cofiodd fod ganddo groes fechan yn ei boced, dangosodd hon iddynt, a ffoesent yn y braw mwyaf ar unwaith ymhob cyfeiriad, a dyna rydd gyfrif am y ddihareb, 'Mwy na'r cythraul at y groes'.

Cŵn Bendith y Mamau: Cŵn lledrithiol oedd y rhain, yn ôl coel gwlad, rhai a arferai fynd cyn rhai cynhebryngau ar hyd eu ffordd i'r fynwent. Aent ar hyd y ffordd y byddai cynhebrwng yn mynd yn ddiweddarach, gan udo'n adfydus, yn enwedig wrth groesi ffrwd o ddŵr neu wrth fynd heibio croesffordd. [*Geiriadur D. S. Evans*]

Cyhiraeth: Sŵn dolefus annaearol yn y nos, yn rhag-arwyddo marwolaeth bob amser. Clywid y 'cyhiraeth' fynychaf gan berthynas agosaf yr hwn oedd i farw.

Mallt y Nos: Rhyw fod cyfrwysddrwg ac ystrywgar, rhwng dyn drwg ac ellyll, ar lun hen ŵr penwyn, oedd hwn. Preswyliai bob amser mewn niwl tew. Nid oedd byth i'w weld, ond i'w glywed; a drwg a fyddai i'r hwn a'i clywai. Taflai hud rhyfedd dros lygaid pobl, nes peri iddynt ymgolli yn y niwl ar y mynyddoedd; ac er iddynt gerdded ar hyd y nos, a meddwl eu bod yn mynd adref, deuent yn ôl i'r un man.

Jack-a-Lantern: Math o oleuni nwyol ac egwan, yn codi oddi ar gors afiach. Llawer gwaith yr arweiniwyd y teithiwr unig dros weunydd a mynyddoedd, hyd at ei hanner i gorsydd a phyllau gan gannwyll welw y bod a elwir Jack-a-Lantern.

Y Gaseg Wybr: Darlunid hi o faintioli anferth, o liw gwinau, a phlu gwyn yn ei thalcen, a chanddi garnau ac adenydd aruthrol. Disgynnai weithiau ar ryw ros neu weundir; a phan glywai rhywun yn dod cymerai ei hedyn ac ymsaethai i'r awyr, gan weryru'n ddychrynllyd.

Y Wawch: Ni ddywedid i neb erioed weld y Wawch. Byddai'n ehedeg yn yr entrych, ac oddeutu glannau'r môr, gan floeddio yn hirllais, 'Gwae, gwae', yn rhagrybudd o ystormydd a damweiniau ar y môr. Parai hyn i'r pysgotwyr ymochel amryw ddyddiau rhag anturio allan â'u rhwydau i'r môr.

Y Wrach: Dywedir y byddai'n arfer ymrithio ar lun hwrwg o ferch, anferthol o faint ac erchyll yr olwg, mewn croesffyrdd a mannau anghysbell eraill, gan floeddio â llais garw, gerwin, 'Gwae, gwae'. Rhagflaenai hyn farwolaeth ebrwydd i'r neb a'i gwelai, neu rywun o'i deulu.

Llên yr Adar, Y Milod, Yr Ymlusgiaid, &c

Y Ceiliog: Yr oedd clywed y ceiliog yn canu yn y nos, cyn tri o'r gloch y bore, yn cael ei ystyried yn beth tra anffodus ac annymunol. Rhagarwyddai aflwyddiant mawr i'r teulu mewn amgylchiadau bydol ac iechyd, a hyd yn oed farwolaeth. Roedd gweld ceiliog yn canu ar garreg y drws yn arwydd y deuai dieithriaid i'r tŷ hwnnw cyn yr hwyr. Yr oedd cadw ceiliog *gwyn* yn sicr o ddwyn drygfyd a thrychineb gydag ef; oherwydd paham cyngor yr hen bobl oedd:

> Na chadw byth ynghylch dy dŷ
> Na cheiliog gwyn na chath ddu.

Ceir y stori ganlynol ar dudalen 74 o *Ystên Sioned*:- 'Un tro, tua deng mlynedd yn ôl, yr oedd boneddiges yn digwydd bod yn ymddiddan â gwraig amaethwr cyfagos, yn y cae tŷ, mewn plwyf ym Meirion, pryd y brasgamodd clamp o geiliog gwyn golygus heibio iddynt, yn ei ddull hoyw arferol. Ebe hi'n ysmala wrth y wraig, 'Yr ydych yn cadw ceiliog gwyn Gwen; oni chlywsoch chwi erioed mo'r hen ddywediad fod cadw ceiliog gwyn yn beth anffodus?' gan adrodd er prawf y ddwy linell uchod. 'Dal y ceiliog yna, Modlen,' ebe'r wraig wrth lafnes o ferch iddi a ddigwyddai fod yn ei hymyl ar y pryd, 'dal y ceiliog yna.' Daliodd Modlen y ceiliog yn y fan, gan ei ddwyn at ei mam; a chyn i'r foneddiges gael hamdden i droi ei thafod yn ei phen, na chael amser i rifo dimai, na dychmygu beth oedd i ddigwydd, chwaethach i eiriol ar ran y ceiliog, yr oedd y ceiliog yn fyr o'i ben! 'Dyna,' ebe'r wraig, 'ni bu yma fawr o lwyddiant, na llun ar ddim ers rhai blynyddoedd; yr oedd hi'n hywyr lladd yr hen chiwgi.' A dilys ganddi mai y ceiliog gwyn oedd wrth wreiddyn yr holl ddrwg.

Yr Iâr: Nid oedd dim i'w ddisgwyl ond anffodion teuluaidd os clywid yr iâr yn canu fel ceiliog. Roedd gweld yr ieir yn dodwy wyau bychain fel wyau brain yn arwydd y colledid y teulu hwnnw yn ei amgylchiadau. Os digwyddai i iâr, fyddai yn eistedd ar wyau, dderu, neu godi a pheidio eistedd arnynt fel ag y dechreuodd, byddai hynny'n arwydd o ryw anghydfod yn y teulu.

Wy Cyntaf Cywen: Un ffordd led effeithiol i fab neu ferch gael gwybod pwy fyddai ei gymhares, neu ei chymar bywyd, fyddai bwyta wy cyntaf cywen. Nid oedd neb i fod yn y gyfrinach. Ond ar ôl berwi'r wy rhaid oedd ei fwyta ar ôl mynd i'r gwely. Ac os dilynid y cyfarwyddyd syml hwn, ymddangosai'r cariadfab neu'r gariadferch mewn breuddwyd. Clywsom am rai a wnaeth y prawf iddynt weld rhywun anadnabyddus iddynt; ond ar ôl hynny ei gyfarfod, ei adnabod, ei garu, a'i briodi.

Cywion: Roedd gweld cywion yn hel at ei gilydd ac yn ryfflo ei plu yn arwydd o ddrycin. Os gwelid hwy'n gostwng eu plu, yn tynnu eu hedyn i mewn yn glòs, ac yn mynd allan i edrych am fwyd, gellid bod yn lled sicr fod y glaw i barhau. Os canfyddid hwynt yn ceisio lloches, ac yn aros yno yn gyndyn, arwyddai hynny y darfyddai y glaw yn y man.

Y Bioden: Os digwyddai i bioden ehedeg yn groes i lwybr rhywun ben bore, yn neilltuol i'r ochr chwith, byddai hynny'n arwydd sicr o aflwyddiant iddo y dydd hwnnw. Aflwyddiant mawr ydoedd ei gweld yn disgyn yn agos i greigiau. Fel un o genadon aflwydd y cyfrifid yr aderyn hwn yn wastad. Dywed un o'r beirdd:

> Clyw grechwen nerth pen, iaith pi, – yn addaw
> Newyddion drwg inni;
> Darogan drygioni
> O'i fin oer yw ef i ni.

Y Frân: Roedd gweld un frân yn arwydd o anffawd, a gweld dwy yn arwydd o lwyddiant, gweld tair yn arwydd o briodas. Dywedir gan blant y sir:

> Dwy frân ddu, lwc dda i mi,
> Mi boera' lawr cyn gweld y *witch*.

Arferai hen offeiriad a drigai yn Ardudwy ddweud yn fynych:

> Ai braw ydyw gweled brân?
> Ai difraw gweled dwyfran?
> Na ddod dy fryd ar ddim sy'n hedfan
> Ond ar Dduw fry, – nid ar ddwy frân.

Y Gog: Os clywid y gog yn canu y waith gyntaf heb arian yn y llogell, blwyddyn lom a thlawd allai'r hwn a'i clywodd ddisgwyl ei chael. Os byddai arian yn y boced, cynghorid y meddiannydd i roddi tro iddynt. Os digwyddid bod yn sefyll ar dir glas pan glywid hi y waith gyntaf, byddai hynny'n arwydd o lawnder a chysur. Os digwyddid ei chlywed am y tro cyntaf yn agos iawn i'r tŷ, byddai hynny'n arwydd y ceid newydd da yn fuan. Os y gwcw ni chanai cyn Calanmai, byddai'r enllyn yn rhad; ond os byddai hi'n canu'n gynnar, byddai'r enllyn yn ddrud:

Gwcw Calanmai,
    cosyn dimai, } cosyn rhad

Gwcw Gŵyl Fair,
    cosyn tair, } cosyn drud

Wele hen bennill 'llafar gwlad' am ei dyfodiad a'i hymadawiad:

Fy amser i ganu yw Ebrill a Mai,
A hanner Mehefin, chwi wyddoch bob rhai;
I ffwrdd yr af ymaith, a'm hadar sydd fân,
A chyn Dy'gwyl Ifan fe dderfydd fy nghân.

Y Dryw: Ni ellid torri nyth yr aderyn bychan hwn yn ddiberygl, canys:

Y neb a dorro nyth y dryw,
Ni wêl fwyniant yn ei fyw;
Y neb a dorro nyth y wennol,
Ni wêl fwyniant yn dragwyddol.

Credid gan lawer o wragedd fod presenoldeb wyau'r dryw yn eu tai yn dylanwadu er niwed i ddiogelwch eu llestri.

Y Robin Goch: Efallai nad oes yr un aderyn y mae dylanwad y tymhorau i'w weld yn amlycach ar ei fywyd na'r Robin Goch. Yn yr hydref mae ei nodau'n brudd, ie, yn wylofus, ac â'n fwy felly nes tewi bron yn lân. Ond yn y gwanwyn, mae'n sionc a cherddorol, yn neilltuol felly o flaen tywydd braf. Mae'n ddywediad, os ar ôl tywydd gwlyb, ansefydlog, y clywir Robin yn canu'n uchel a siriol am beth amser, fod hynny'n arwydd sicr y byddai trannoeth yn ddechreuad cyfnod hir o dywydd braf. O'r ochr arall, pan y'i gwelid ar dywydd cynhesol a sych yn clwydo ac yn trydar yn alarus ym monion y gwrychoedd, fod drycin gerllaw.

Dywedai'r hen bob na wnâi'r gath byth ladd Robin Goch, ac os trwy ryw amryfusedd y byddai iddi wneud hynny, na welwyd yr un erioed yn ei fwyta. Yr oedd tynnu nyth y Robin yn cynhyrchu anffodion, a dim ond aflwydd oedd i'w ddisgwyl wrth gadw ei wyau yn y tŷ.

Y Troellwr: Aderyn ymfudol ydyw'r 'Troellwr' (*the Goatsucker*), a daw yma yn niwedd Ebrill neu ddechrau Mai, ac ymadawa tua diwedd Medi. Aderyn nosawl ydyw, a phan aflonyddir arno gan ddyn, ehed uwch ei ben, gan ei ddilyn am ysbaid a sgrechian yn debyg i'r gornchwiglen, a churo ei adenydd ynghyd, fel pe byddai arno awydd ymosod. Cafodd llawer o rai ofergoelus eu dychryn yn enbyd ganddo lawer gwaith, gan eu bod yn tybio mai aderyn corff fyddai, a'i fod yn rhagarwyddo eu marwolaeth hwy neu rywun o'r teulu.

Y Golomen: Y mae'n aderyn glân ar ei aden ond budr yn ei gartref.

> Edn bach diniwaid yn byw – yw'r G'lomen,
> > Galw mae ar ddynolryw,
> I'w nodwedd – addfwyn ydyw;
> Ond ei chaban, aflan yw.

Mae 'Colomen yw hi', yn ymadrodd llafar gwlad, a ddefnyddir am fenyw a adwaenir fel un aflan yn ei chartref, ond sy'n un a ymddengys yn y cyhoedd yn or-drwsiadus a glân yr olwg. Arferid dinistrio plu'r aderyn hwn, ac ni roddid hwy mewn gwely na gobennydd, am y credid y byddai i hynny barhau dioddefiadau gwely angau. Cig colomen ydoedd y peth olaf y byddai un ar farw yn ei geisio. Rhagflaenydd uniongyrchol angau ydoedd y dymuniad hwn.

Y Dylluan: Hwn oedd prif 'aderyn corff' yr anwybodus a'r ofergoelus. Yr oedd clywed sgrech aflafar y dylluan, tra byddai'n ymwibio am ysglyfaeth yn nhywyllwch y nos, yn peri dychryn dybryd, ac yn rhagarwyddo marwolaeth rhywun yn y gymdogaeth. Os digwyddai iddi newid tywyllwch ei nyth am oleuni yr haul, byddai hynny'n arwydd sicr o aflwyddiant i'r hwn fyddai mor anffodus â'i gweld. Dywed un o'n 'poetau' amdani:

Allan daw'r ddallhuan hyllig – obry
O geubren pydredig:
A'i hoer waedd o gŵr y wig
O nodwedd ddychrynedig.

Yr Eos: Dywed traddodiad am yr eos y cân ei hun i farwolaeth o alar am ei chymar. Tybia rhai o'r hen awduron y byddai'n dwyn ei chymar, pan wedi marw, o dan berth ddreiniog, a chan wthio draen blaenllym i'w bron, y pynciai nodyn neu ddau clir, sef ei galargerdd; ac yna wedi i effaith cyntaf y boen ddarfod, cymysgai odl bruddglwyfus:

Nes allan yr anadla,
Ei henaid yn ei cherdd;
Ac yna tawel huna
Yng nghil y goedlan werdd.

Y Wennol: Arferid ystyried y wennol yn gennad heddwch a llwyddiant. Os digwyddai i wennol nythu o dan do tŷ un heb fod yno'n flaenorol, arwydd fyddai hynny er daioni i'r teulu. Os digwyddai i wenoliaid ymadael a pheidio nythu yn yr hen le fel cynt, byddai hynny'n arwyddo tlodi ac anffodion i'r teulu. Yr oedd aflonyddu ar eu heddwch yn sicr o ddwyn aflwydd ac, yn y gwrthwyneb, yr oedd peidio â'u haflonyddu'n sicrhau gwenau rhagluniaeth, ac yn ernes y byddai pawb a phopeth o'n hamgylch,

Mor siriol â gwennol y gwanwyn.

Aderyn y Bwn (Bittern): Dyma aderyn sydd oddeutu dwy droedfedd a hanner o hyd. Y mae ganddo wddf hir, coesau hirion, a chynffon fer. Ei ymborth yw pysgod, llyffaint, ac ymlusgiaid. Ei gartref yw'r corsydd, ymysg y corsennau a'r brwyn. Ymguddia yn ystod y dydd, a chyda'r nos try allan i chwilio am ymborth. Ehed i uchder mawr ar adegau, ac y mae'n debyg mai hyn a roddodd iddo yr enw ardderchog 'cyrchydd y sêr'. Prif hynodrwydd yr aderyn hwn yw ei lais, sy'n debyg i frefiad tarw, a dichon mai oherwydd y gri hon y gelwir ef gennym *aderyn y bwn*, neu *aderyn y bump*. Parai llef aderyn y bwn ddychryn cyffredinol trwy gymdogaeth gyfan gan' mlynedd yn ôl, oblegid ystyrid hynny'n arwydd sicr o farwolaeth rhywun yn dra buan; ac os byddai person farw, dywedai'r ofergoelus, 'Pa fodd y gellid disgwyl dim yn amgen; oni ddarfu y frân nos ein rhybuddio'.

Y Fuwch: Peth annymunol ac anlwcus ydoedd gweld y fuwch yn dod â dau lo ar y tro. Amgylchiad yn mynd o flaen rhyw groes ac aflwyddiant ydoedd. Peth anlwcus, hefyd, y cyfrifid i un fod yn berchen buwch wen. Roedd clywed gwartheg, pan yn rhwym wrth y preseb, yn brefu yn fwy nag arferol ganol nos yn arwydd annaturiol iawn, ac odid fawr na byddai i rai ohonynt drengi cyn hir.

Caseg a Chyw: Peth addawol a lwcus ydoedd canfod caseg ac ebol, pan yn mynd i daith, yn neilltuol os byddent yn digwydd bod ar yr ochr dde i'r llwybr neu'r ffordd.

Y Ddafad: Roedd gweld y ddafad yn arwydd er daioni ar bob amgylchiad. Colomen a dafad yw'r unig greaduriaid na eill yr 'un drwg' gymryd eu llun arno. Gall, fel y gwyddys, ymrithio fel angel goleuni, ac fel mil a mwy o bethau eraill; ond ni eill ymrithio ar wedd colomen, nac ar lun llwdn dafad.

Oen bach: Roedd gweld oen bach cyntaf y tymor â'i ben at un yn arwydd o lwyddiant ar hyd y flwyddyn. Os ei ben ôl a welid gyntaf, anffodion a rhwystrau a ddilynai hynny.

Y Mochyn: Roedd gweld mochyn yn dda os byddai'n turio ar y pryd. Roedd gweld mochyn yn cario gwellt yn ei geg yn arwydd fod ystorm gerllaw.

Y Ci: Byddai clywed y ci'n udo yn nhrymder y nos yn rhagarwyddo trychineb neu farwolaeth. Roedd ei weld yn pori glaswellt yn arwydd glaw. Os digwyddai i gi chwyrnu ar un ben bore, odid na fyddai hwnnw yn cweryla cyn nos. Os digwyddai i gŵn tŷ yr aed iddo ar neges gyfarth yn gas, a hynny hyd at gnoi, nid oedd dim i'w ddisgwyl ond aflwyddiant yn y tŷ hwnnw.

Y Gath: Peth anlwcus ydoedd perchenogi cath wen. Arferid credu y gellid disgwyl dieithriaid i'r tŷ os byddai cath yn ymolchi. Os byddai yn campio hyd y tŷ, roedd yn arwydd tywydd drycinog. Ac os byddai'n troi ei phen ôl at y tân, roedd hynny'n arwydd ei bod am fwrw eira.

Yr Ysgyfarnog: Roedd gweld ysgyfarnog yn croesi llwybr y cerddai rhywun arno, yn argoel y deuai anffodion i'w ran. Cennad rhaib yr ystyrid yr ysgyfarnog goch a fyddai'n hopian o gylch tŷ; byddai aflwydd yn canlyn ei hymweliad, a hynny'n dra buan.

Y Wenci: Os croesid llwybr a dramwyid gan wenci, gellid disgwyl anffawd fawr. Roedd gweld y wenci o gylch tŷ rhywun, a hynny'n eithriadol, yn arwydd fod i'r person hwnnw elynion, a'u bod yn ceisio dwyn ei le oddi arno; neu yr ymwelid â'r teulu gan anffodion ac afiechyd trwm.

Y Twrch Daear: Arferid credu fod y Twrch Daear yn turio'n fwy nag arfer os byddai drycin ar gymryd lle.

Y Draenog: Yr oedd gweld y draenog yn diogelu ei lochesau gyda mwy o ofal nag arferol yn arwydd o dywydd blin ac ystormus.

Y Llygoden: Os digwyddai i lygoden ddifrodi dillad un, gellid penderfynu y byddai i'r person hwnnw gyfarfod â rhyw aflwydd ar fyrder. Os digwyddai i haid o lygod ymweld â'r ydlan neu'r tŷ, byddai yno farwolaeth cyn diwedd y flwyddyn. Marwolaeth neu afiechyd o hir barhad fyddai'n canlyn ymweliadau llygod, gan fynychaf, ymhob man.

Yr Ystlum: Os digwyddai i ystlum ehedeg rhwng un a'r lleuad, ac yntau yn syllu arni ar y pryd, byddai hynny'n arwydd o aflwydd, os nad angau, i ryw berthynas neu gyfaill annwyl iddo.

Y Pryf Copyn: Gellid disgwyl diwrnod braf os gwelid yn y bore we pry copyn ar y glaswellt wedi ei orchuddio gan wlith. Os digwyddai i bry copyn syrthio ar un yn rhywle, credid y byddai i'r person hwnnw dderbyn arian neu gyfoeth ar ôl perthynas iddo. Os digwyddai i we pry copyn lynu wrth un, byddai hynny'n arwydd sicr fod rhywun yn dal cenfigen tuag ato.

Gwenyn: Os digwyddai i gychaid o wenyn farw yn ddisymwth, arwyddai hynny farwolaeth sydyn un o'r teulu. Os digwyddai i haid o wenyn ddod o le nas gwyddid, a disgyn a 'chlymu' wrth gangen yn yr ardd, arwyddai hynny fod llwyddiant a chysur i aros yn y teulu hwnnw. Os digwyddai i gychaid o wenyn wrthod hela mêl fel arfer, rhagarwyddai hynny fod rhyw gynllwyn a brad yn rhywle; ni ddeuent i'w hwyl hyd nes y byddai heddwch yn teyrnasu drachefn.

Malwod: Os gwelai rhywun falwen ddu, â'i phedwar corn i fyny, credid y byddai i ryw ffawd dda ddod i'r person hwnnw fore drannoeth. Canfod malwoden ddu yn glynu wrth ddillad un a arwyddai y byddai i ryw anfri lynu wrth y person hwnnw. Roedd gweld malwoden ar y trothwy yn arwydd y deuai person o dueddiadau cynhennus at y drws yn fuan.

Broga: Os digwydd i rywun weld broga melyn yn croesi ei lwybr ar ei daith gyntaf yn y bore, neu wrth fynd ar neges, arwyddai hynny y deuai llwyddiant maes o law. Po felynaf fyddai'r brogâu gorau i gyd fyddai'r cynhaeaf.

Llyffant: Yr oedd yn dyb gyffredin, hyd yn ddiweddar, fod perl ym mhen y llyffant, a bod y perl hwnnw yn rhinweddol iawn, ac yn ddefnyddiol at lawer o bethau. Cyfeiriad at y gred hon, mae'n debyg, sydd yn y llinell ganlynol o eiddo hen Ficer Llanymddyfri:

> Cymer berl o enau llyffant.

Os gwelid llyffant du ar garreg y drws neu'r trothwy, byddai aflwydd yn canlyn ei ymweliad, a hynny'n dra buan. Ystyrid y llyffant du yn ddieithriad, yn gennad aflwydd a gofid.

Y Neidr: Roedd cyfarfod â neidr ben bore yn arwydd drwg iawn, yn enwedig os byddai'n ymwau drwy y dail neu'r glaswellt.

Hen Arferion Carwriaethol

Golchi Crysau: Ffordd led effeithiol i ferched i wybod pwy fyddai eu gwŷr oedd golchi eu crysau ar nos Galangaeaf, ac yna eu gosod o flaen y tân i sychu, wedi eu troi y tu chwith allan, a mynd i rywle fel y gallent weld heb gael eu gweld. Yr oedd yn rhaid iddynt osod ymborth ar y bwrdd fel y gallai eu cariadon ysbrydol gael lluniaeth pan ddeuent i droi'r crysau. Credid os byddai i'r cariadlanc droi'r crys, ac ymddwyn yn anweddaidd cyn mynd allan, y deuai anffawd i gyfarfod y ferch neu'r mab yn fuan. Os deuai i mewn yn arafaidd, troi'r crys mewn modd deheuig a phwyllog, cymryd ymborth, a mynd allan yn weddaidd, yr oedd yn arwydd sicr y cymerai priodas le'n uniongyrchol, ac y byddai y bywyd priodasol yn un cysurus.

Ar nos Galangaeaf byddai defod arall yn cael ei harfer i'r un perwyl, sef mynd oddi amgylch eglwys y plwyf naw gwaith a hanner, gan chwythu drwy dwll y clo bob tro wrth fynd heibio. O wneud hyn, credid y cyfarfyddid yr hon, neu'r hwn, a gyflawnai'r ddefod â'i chymar bywyd. Ac aml ydyw'r storïau am rai wedi gweld arch tra'n mynd trwy'r seremoni, sef arwydd sicr y byddai'r person farw yn ddi-briod, ac, yn gyffredin, cyn pen blwyddyn.

Ffordd led syml i ferch weld ei chariad, trwy ei chwsg, ydoedd rhoddi carreg fechan yn ei hosan ar y noson y gwelai'r lleuad newydd, gan ofalu dweud y rhigwm canlynol:

> Dacw leuad newydd, rhad Duw arni,
> Gyda thi mae'r haul yn codi;
> Ac os oes tynged rhyngwy' ag un mab,
> Cyn y bore caf ei weled.

Arferiad arall ymhlith y merched i gael sicrwydd pwy fyddai eu gwŷr oedd mynd i'r llofft, ac os na byddai llofft, i'r ystafell wely, ac ar ôl taflu pellen o edau wlân allan trwy'r ffenestr, ei dirwyn yn ôl, gan ddweud ac ail-ddweud 'Myfi sy'n dirwyn, pwy ddaw â'r pen?' neu, 'Myfi sy'n dirwyn, pwy sy'n dal?' Ac o'r diwedd deuai ysbryd y cariadlanc i'r golwg, neu ynteu ysbryd ei harch hi ei hunan.

Startio'r facsen: Pan deimlai merch ieuanc awydd angerddol am wybod pwy fyddai ei chariad, elai â bacsen a dwy olchbren gyda hi at y pistyll. Ac ar ôl gwlychu'r facsen, cymerai un o'r golchbrennau i'w churo ar y garreg olchi, gan ailadrodd y rhigwm:

> Sawl sydd am gyd-fydio,
> Doed i gyd-ffatio.

Ac yno yn 'ffatio' y byddai am ryw hyd, gan ddisgwyl i'w chariad, neu yn hytrach ei ysbryd, ddod a chymryd yr olchbren arall i'w chynorthwyo.

Moddion arall lled effeithiol i'r un perwyl oedd i nifer o ferched wneuthur 'cacen naw rhyw', ei rhannu yn eu plith, a'i bwyta cyn mynd i gysgu. Yr oedd y gacen hon, fel yr awgryma ei henw, i gael ei gwneud o naw o wahanol ddefnyddiau. A mawr fyddai'r dyfalu pa le y ceid cynifer o bethau i'w rhoddi ynddi. Nid oedd o bwys pa bethau a fyddent – halen, pupur, siwgr, blawd, dŵr, ac felly ymlaen, ond cael naw ohonynt. Rhwng anghydrhywedd y defnyddiau a phob peth, byddai'r gacen yn fynych ymhell o fod yn ddanteithiol, ond nid oedd hynny o bwys os cynhyrchai freuddwydion hyfryd am y sefyllfa briodasol. Yr oedd y gacen i gael ei bwyta y peth olaf wrth fynd i'r gwely. Elai'r merched i'w hystafelloedd wysg eu cefnau, gan ddal eu dwylo o'r tu ôl. Ar ôl ymddiosg amdanynt, yr oeddynt i orwedd yn eu gwelyau ar wastad eu cefnau, ac nid oeddynt i feddwl am yr un llanc. Yr oedd yn gred gyffredin, hyd yn ddiweddar, os cyflawnid y seremoni hon yn briodol, y byddai i'r sawl a gymerai ran ynddi weld eu gwŷr dyfodol neu weld arch.

Hen arferiad arall ydoedd 'tynnu'r union onnen'. Dichon fod rhai o'n darllenwyr wedi gweld, ond yn lled anaml hefyd, frigyn onnen gyda dwy ddeilen yn fforchio yn ei flaen. Â brigyn fel hwn, ac nid gydag un ddeilen ar ei flaen, y byddai'r merched yn chwilio amdano. Wedi ei gael, ac yn y weithred o'i dorri, byddai'r ferch yn adrodd y pennill canlynol:

> Union onnen, rwy'n dy dorri
> Oddi ar y pren lle'r wyt yn tyfu;
> A'r mab cyntaf ddaw i'm cyfarfod,
> Hwnnw fydd fy annwyl briod.

Yna rhoddid y cwlwm ar y brigyn, a gosodid ef rhwng y ddwyfron. Mawr fyddai'r difyrrwch pan ddigwyddai i ŵr priod ddyfod yn gyntaf i gyfarfod y llances bryderus, ond gwirionffol. Eto, hyd yn oed yn yr amgylchiad hwnnw, cysurai ei hun trwy feddwl mai un o'r un enw ag ef fyddai ei phriod. Byddai dwy, tair, neu bedair o ferched yn mynd trwy y seremoni hon gyda'i gilydd yn aml, hynny yw os llwyddent i gael y nifer digonol o'r brigau cysegredig.

Rhai o Hen Arferion Nos Galangaeaf

Cynnau Coelcerthi: Dywedir fod yr arferiad hwn cyn hyned ag amser y Derwyddon, ac mai diben y tanau oedd dyhuddo llid a chynddaredd y tadolion dduwiau ar ôl casglu cnwd y meysydd i ddiddosrwydd, ac i ofyn rhad a bendith ar y cyfryw. Yr hen syniad oedd y dylid diffodd y tân ymhob aelwyd ar y noson hon, a'i ail gynnau gyda phentewyn a ddygent adref o'r goelcerth, ac ychydig a fyddai llwyddiant yr hwn a esgeulusai gymryd o'r tân cysegredig. Byddai i bob un nad ufuddhai gael ei fwrw allan i'r 'Hwch ddu gwta' i fwrw ei llid arno trwy ei larpio a'i ddifa.

Codi afalau o ddŵr, &c: Wedi cyrraedd adref o'r goelcerth, er gwaethaf yr hwch ddu a'r bwganod, byddai raid i'r werin bobl gael ychwaneg o ddifyrrwch. Dechreuid y gweithrediadau drwy i'r bechgyn godi afalau o lestraid o ddŵr, am y gorau. Byddai'n ofynnol cyflawni'r seremoni hon efo'r dannedd tra bod y dwylo wedi'u clymu ar y cefn. 'Crogid llinyn hefyd wrth fach dan y llofft, ac wrth waelod y llinyn sicrheid pren gydag afal ar un pen a channwyll frwyn oleuedig wrth y pen arall; a'r gamp a fyddai cael gafael yn yr afal heb i'r llanc losgi ei foch. Ar ôl trafod yr afalau, yr hyn a achosai gryn ddifyrrwch yn aml, taflai pob un o'r teulu gneuen i'r tân. Os na chyneuai'r gneuen, yr oedd yn arwydd sicr y byddai i'r hwn a'i taflodd farw yn ystod y flwyddyn ddilynol. Ond po fwyaf o oleuni a roddai, mwyaf oll a fyddai llwyddiant ei pherchennog. Ar ôl treulio gweddill y noson mewn adrodd storïau am ysbrydion, tylwyth teg, a'r cyffelyb, ac ar ôl yfed rhyw gymaint o gwrw, medd, neu ddiod griafol, elai pawb i'w gorffwysfannau'.

Hel Bwyd Cennad y Meirw: Byddai hen wragedd tlodion Cynwyd, Corwen, a Llansantffraid Glyn Dyfrdwy, yn mynd yn heidiau ar draws gwlad i hel yr hyn a alwent yn 'fwyd cennad y meirw'. Tua Chalangaeaf y byddai hyn yn cymryd lle. A byddai gwragedd amaethwyr, yn enwedig y rhai mwyaf hen-ffasiwn ohonynt, yn rhagofalu pobi a chrasu nifer mawr o deisennau bychain i'w rhoddi'n gardod iddynt ar y cyfryw adegau. Hefyd yr oedd yn arferiad gan blant y gwahanol blwyfydd hel 'bwyd cennad y meirw' ar Noswyl yr Holl Saint. Ffynnai hyn mor ddiweddar â'r flwyddyn 1876. Elai'r plant o amgylch yr amaethdai gan ganu wrth y drws:

Dydd da i chwi heddiw,
Bwyd cennad y meirw.

A byddai'r gwragedd da yn estyn teisen fechan wedi ei gwneud at y pwrpas.

Hel Calennig: Byddai'n hen arferiad ar Ddydd Calan i fynd i gardota, neu chwilio am 'Galennig'. Hyd heddiw arferir gweiddi am y cyntaf, 'Fy nghalennig i', pryd na ddisgwylir dim yn ôl ond yr atebiad caredig, 'Blwyddyn newydd dda i chwi', &c. Byddai'r tlodion, yn yr hen amser, ar Ddydd Calan yn mynd at yr amaethdai i gardota, a byddai'r amaethwyr yn paratoi bara a chaws ar eu cyfer. Cenid y rhigymau a ganlyn:

Calennig wyf yn 'mofyn
Ddydd Calan, ddechrau'r flwyddyn,
A bendith fyth fo ar eich tŷ
Os tycia im' gael tocyn.

Calennig i mi, Calennig i'r ffon,
Calennig i fwyta'r noswaith hon,
Calennig i'm tad am glytio fy 'sgidia
Calennig i mam am drwsio fy 'sana.

Rhowch Galennig yn galonnog,
I ddyn gwan sydd heb un geiniog,
Gymaint roddwch rhowch yn ddiddig,
Peidiwch grwgnach am ryw 'chydig.

Disgwylid am y dydd hwn gyda llawer o bryder gan y plant, oblegid elent yn lluoedd o amgylch yr amaethdai, y pentrefi, a'r trefi i 'hel calennig', a chlywid hwy'n bloeddio:

'Nghalennig i'n gyfan ar fore dydd Calan;
Blwyddyn newydd dda i chwi.

Ac os gwrthodid hwy, eu dymuniad fyddai:

Blwyddyn newydd ddrwg,
Llond y tŷ o fwg.

Casglu 'Ysgub y Gloch': Ar ôl i'r cynhaeaf ŷd fynd heibio rhoddai amaethwr caredig fenthyg ceffyl neu ddau a char hir i glochydd eglwys y plwyf, ac elai hwnnw o ffermdy i ffermdy, a rhoddai braidd bob amaethwr iddo ychydig ysgubau o ŷd yn dâl am ganu'r gloch ar gladdedigaethau, y Suliau ac achlysuron eraill. Mewn rhai parthau o'r sir ar ôl i'r amaethwyr ddyrnu'r ŷd gwelid y clochydd yn casglu 'ŷd y gloch'. Byddai'n mynd â'i gwd ar ei gefn o'r naill amaethdy i'r llall, a phawb yn eu tro yn rhoddi toll iddo fel peth hollol gyfreithlon.

Casglu 'Wyau Pasg': Rhyw wythnos o flaen y Pasg, arferai'r clochydd fynd o amgylch â basged ar ei fraich i hel 'wyau Pasg', a byddai'r plwyfolion, yn ôl eu gallu, yn cyfrannu o un hyd hanner dwsin o wyau. Byddai ei dŷ yr adeg hon yn un o'r rhai â mwyaf o wyau ynddo o un tŷ yn y wlad. Dywedir mai rhan o dâl y clochydd ydoedd yr wyau hyn am ofalu am y gladdfa.

Chwarae pêl ar dalcen yr Eglwys: Hen adeiladau diaddurn fyddai'r hen eglwysi. Yr oedd mur un ochr heb ddim ffenestri, oddi eithr dwy o rai bychain, a'r gladdfa'r ochr honno heb feddau ynddi. Yr achos am hyn oedd ei bod yn hen arferiad mynd yno i chwarae pêl ar y wal ar ôl i'r gwasanaeth boreol derfynu. Byddai'r chwarae hwn yn atyniadol iawn. Canfyddid glaslanciau, a hyd yn oed bobl mewn oed yn cerdded milltiroedd er mwyn uno yn y chwarae pêl ar fur yr Eglwys. Arferai'r person eistedd ar garreg fedd i gadw trefn ac i 'sgorio'.

Ymweld â Ffynhonnau, &c: Byddai trigolion yr oesoedd cyntefig yn arfer ymgasglu o amgylch rhyw ffynnon neilltuol i gynllunio ynghylch y dyfodol, i adrodd eu chwedlau, ac i ymryson yn y 'pedair camp ar hugain'. Yma deuai cenadwr Cristionogol o hyd iddynt, pregethai iddynt yr efengyl, a bedyddiai y dychweledigion â dwfr y ffynnon. Yr oedd yr ofergoeledd o'r math fel y cludid dwfr y ffynnon hon i fedyddio rhai yn yr eglwys wedi ei hadeiladu, weithiau o gryn bellter. Cyfrifid dwfr y ffynhonnau hyn yn dra meddyginiaethol at liaws mawr o anhwylderau. Teflid pinnau iddynt er mwyn gwrthweithio dylanwad yr 'un drwg', a chysegr-ysbeiliad yr ystyrid y drosedd o'u dwyn oddi yno. Byddai canlyniadau echrydus yn dilyn 'bwrw i'r ffynnon'. Credid os digwyddai anffawd i berson – os byddai rhai o'i anifeiliaid farw – nad oedd hynny yn ddim amgen na 'bwrw i'r ffynnon' gan gymydog dialgar.

Ymladdfeydd Ceiliogod: Yr oedd dosbarth mawr o'r Cymry yn andros o hoff o'r math yma o ddifyrrwch yn y dyddiau gynt. Yr oedd sir Feirionnydd mor ddwfn yn y camwedd hwn ag un o siroedd Cymru. Y mae, neu o leiaf yr oedd, yn ddiweddar, olion cocin (*pit*) ceiliogod ar ddyddyn Gwern-yr-ewig, ym mhlwyf Llanfor, gerllaw'r Bala, a elwir hyd heddiw yn 'Bryn Ceiliogod'. Byddai cocin ym mhob plwyf, a chadwai pob braddug ei geiliog. Yn rhywle rhwng y dafarn a'r eglwys y codid y cocin, a mawr fyddai'r paratoi ar gyfer y cyfarfodydd, a gynhelid fynychaf ar y Gwylmabsantau a Llun y Pasg. Darperid ymborth a diod, yn ogystal â lleoedd pwrpasol i eistedd o amgylch y *pit*. Torrid crib a thagell y ceiliog gyda gwellaif poeth, fel y byddai i'r briw serio a pheidio gwaedu. Ond y gwaith cywreiniaf oedd gosod ysbardunau dur ar goesau'r ceiliog yn lle ei rai naturiol. Yr oedd gan y dewin hefyd ei ran yn y chwarae; byddai'n rhoddi papur a rhyw nodau dewinol arno, a elwid yn 'Bapur y Sbel', ar goes y ceiliog, a byddai'r ceiliog a arfogid yn y modd yma braidd yn sicr o ennill y fuddugoliaeth ar bob un arall. Y mae amryw o awduron Cymraeg yn y ganrif ddiwethaf yn crybwyll y drwg arferiad hwn; ond efallai na thynnwyd darlun gerwinach ohono ac o'r dydd na chan Fardd y Nant yn y 'Greglais o'r Groglofft':

> Ond oddi wrth eu sŵn ynfyd mi es i'r ystryd;
> Ac ar ochor yr heol wele fagad o bobol,
> Yn ympirio'n barod at ymladd ceiliogod,
> Ac yn sefyll yn *rut* wrth y lle roedd y *pit*;
> A rhai'n dechrau dyfod i handlo'u ceiliogod,
> A'r lleill â llais uchel am *fetio* ar y *fatel*;
> Ac yna'r gwŷr gorau'n rhes ar eu gliniau,
> A bloeddio'n llidiog, 'Diawl, dyna i chwi geiliog!'
> A rhai yn lledu eu ceg, dweud, '*Hold*, chware teg';
> Ac eraill yn *betio*, yn fawr iawn eu cyffro,
> Ac yn rhegi ei gilydd, yn flinion aflonydd,
> A rhai'n lled feddw, am ymladd yn arw;
> Ac wrth frolio celwydd, a siarad atgasrwydd,
> Roedd cynddrwg sŵn yma a chyda'r gwŷr hela;
> Mi flinais yn aros pan aeth hi'n ddechreunos,
> Rhag ofn cael fy anafu rhwng y diawl a'i deulu.

Cynnal 'Nosweithiau Llawen': Nid oedd difyrrwch ein hynafiaid yn gyfyngedig i'w gwyliau gosodedig yn unig. Ond yr oeddynt yn ychwanegu at y cyfleusterau yn ôl eu hewyllys. Y mae ambell un yn fyw sydd yn cofio'r 'nosweithiau llawen'.

Cynhelid y rhai hyn fynychaf mewn tafarndai, lle'r ymgasglai meibion a merched i ddawnsio, tra byddai crythor neu delynor yn chwarae. Bryd arall, cynhelid noswaith lawen mewn tŷ annedd, lle byddai'r un rhialtwch, ond nid cymaint o feddwdod, efallai, ag yn y dafarn. Yr oedd canu gyda'r tannau mewn bri mawr yn y dyddiau hynny. Cynhelid noswaith lawen yn fynych ar fynediad un o'r gymdogaeth oddi cartrtef i Lundain, er enghraifft; ac edrychid ar y fath daith ar ddechreuad y ganrif bresennol yn fwy pwysig nag yr ystyrir ymfudo i America yn awr. Pan ddychwelai adref drachefn, rhaid fyddai cael noswaith lawen; a chynhelid un dro arall heb esgus o gwbl. Ond fel y mae'n dda gennym ddweud, ni fu fawr o lun ar y nosweithiau hyn ar ôl diwedd yr ugain mlynedd cyntaf o'r ganrif. Ciliasant rywfodd o flaen dylanwad yr Ysgolion Sabothol a lledaeniad cyffredinol Beiblau yn y wlad. Y mae rhyw sefydliad yn fyw hyd heddiw ym mhlwyf Llanuwchllyn sydd yn peri i ni feddwl am nosweithiau llawe ein hynafiaid. Hwyrach ei fod yn perthyn i leoedd eraill hefyd, er na chlywsom ni amdano. 'Ffram' ydyw enw'r sefydliad, ond ni wyddom paham y'i galwyd ar yr enw hwn. Cynhelir y 'ffram' ar gylch yn y tŷ hwn heno ac yn y tŷ acw y tro nesaf. Ymgynulla rhyw gynifer o gyfeillion ynghyd, y gwragedd yn gwau ac yn adrodd straeon, a'r gwrywaid yn uno yn y gwaith olaf o leiaf. A dywedir y byddai llanciau'r ardaloedd gwledig yn medru gwau hosanau gystal â'r merched yn y rhan flaenaf o'r ganrif hon. Ond i ddychwelyd at y 'ffram'. Ar ôl gwau a siarad am rai oriau, gorchuddir y bwrdd â swper cystal ag y caniatâ'r cwpwrdd iddo fod. Ac ar ôl i bawb wneud 'cyfiawnder' â'r danteithion, ac ar ôl ychydig o ymddiddan pellach, ymadawa pawb am eu cartrefleoedd. (*Bywyd Gwledig Cymru*, gan Charles Aston.)

Hen Arferion

Y Plygain: Cynhelid y Plygain rywbryd o un i chwech o'r gloch y bore. Cenid cloch yr eglwys am gryn amser, ac yna dechreuid y gwasanaeth. Yr oedd y gwasanaeth yn gyffredin yn ddyfyniadau o'r Llyfr Gweddi, ynghyd ag anerchiad byr gan yr offeiriad. Yna cenid carolau, ac yr oedd y sawl a ewyllysiai at ei ryddid i arfer ei ddawn yn y ffordd honno. Weithiau ceid cytgan gan gwmni, a phryd arall unawd; a pharhai'r ganiadaeth fel hyn nes i'r wawr dorri, pryd y traddodid y Fendith. Byddai'r canwyr carolau yn dwyn eu canhwyllau gyda hwy, tra'r oedd yr awdurdodau mewn rhan yn goleuo yr eglwys ar yr amgylchiad. Gan nad oedd ers talm wasanaeth yn yr eglwys wedi'r nos, ac y byddai gosber yn dechrau am dri yn y prynhawn, cyn bod angen goleuni, yr oedd yn angenrheidiol i'r wardeniaid ddarpar canhwyllau a chanwyllbrenni ar gyfer y Plygain. Hyn a wnaent trwy bwrcasu lympiau o glai meddal, taro gwaelod y gannwyll yn y clai, a'u dodi yma ac acw hyd furiau ac astellau'r eglwys. Dywed hen bobl y byddai yn y Plygain lawer iawn o anhrefn, yn cael ei achosi yn bennaf gan ddynion meddwon yn dyfod i'r gwasanaeth ar ôl noson o loddesta. Ymddengys mai peth cyffredin ydoedd i ddynion eistedd i fyny trwy'r nos i yfed, ac yna mynd i'r eglwys yn feddw. Hyn a barodd roddi terfyn ar gadw Plygain mewn llawer o fannau. Ac eithrio hynny o amser a dreulid yn yr eglwys, defnyddid y gweddill o'r dydd Nadolig gan ein hynafiaid i fwyta'r ŵydd draddodiadol, i feddwi, i hela a saethu, i chwarae cnapan (*a game played with bowls*), ac i gicio pêl droed.

Gwisgo'r Eglwys â Chelyn: Dechreuwyd gwisgo'r eglwysi â chelyn a bythwyrddion yn y flwyddyn 1444. Hen ddefod baganiadd ydyw hon. Arferai pobl wisgo eu tai i ddenu ymchwiliadau ysbrydion pleser.

Cusanu o dan yr uchelwydd: Y mae cusanu o dan yr uchelwydd (*mistletoe*) wedi tarddu o hen draddodiad Sgandinafaidd fod 'Loke wedi lladd Balder gyda saeth wedi ei gwneud o'r pren uchelwydd, ond fod y duwiau wedi ei ddwyn i fywyd yn ôl, a rhoddi y saeth i gadw i dduwies serch, a phob un elai o dano dderbyniai gusan er cof am y ffaith fod saeth marwolaeth wedi ei throi yn arwyddlun cariad'.

Y Sulgwyn: Deilia'r enw hwn oddi wrth y ffaith fod y rhai a fedyddid yn yr eglwys gyntefig yn ymwisgo mewn dillad gwynion. Rhoddwyd y diwrnod o'r neilltu yn fore gan yr eglwys fel diwrnod o goffadwriaeth am dywalltiad rhyfeddol o'r Ysbryd Glân ar yr apostolion ar ddydd y Pentecost. Yn nyddiau boreol Cristionogaeth, ystyrid hwn y diwrnod y dechreuodd yr apostolion ar eu gweinidogaeth gyhoeddus trwy fedyddio tair mil o bersonau; ac fel arwydd o'r purdeb mewnol a bortreadid yn yr ordinhad o fedydd, gwnelid dillad y rhai a fedyddid o liain gwyn; ac oddi wrth hynny y daeth y Sabath neilltuol hwn i gael ei alw y Sul *Gwyn*. Yn yr hen amser ymgynullai lluoedd yn y tafarndai a mannau eraill i ganu a dawnsio. Ymddengys mai gwrywaidd oedd y dawnswyr fel rheol, a byddai rhai ohonynt yn gwisgo dillad merched. Dyma oedd eu prif ddifyrrwch ar yr ŵyl hon, ac nid ystyrient fod y Sabath yn cael ei halogi yn y ffordd hon.

Hen arferion y Pasg: Yr oedd Sul y Pasg yn ddiwrnod pwysig. Codai'r bobl ieuainc yn fore ar y diwrnod hwn, ac elent yn lluoedd i ben y bryniau cyfagos i weld yr haul yn codi; oblegid yr oedd yn gred gyffredin fod yr haul yn dawnsio ar y bore hwn er cof am atgyfodiad Crist. Eraill a ddygai gawgiad o ddwfr o'u blaenau, fel y gallent weld adlewyrchiad yr haul yn y dwfr; ac, wrth gwrs, gan fod y dwfr yn ysgwyd, yr oedd yn hawdd eu perswadio fod yr haul yn dawnsio. Ond dyn annuwiol iawn yr ystyrid yr hwn ni roddai ei bresenoldeb yn yr eglwys ar fore Sul y Pasg. Cyfranogai llawer o Swper yr Arglwydd ar y bore hwn nad oeddynt wedi bod o fewn yr Eglwys er y Pasg blaenorol, a chadwai llawer eu plant heb eu bedyddio hyd y diwrnod hwn. Rhaid hefyd oedd cael rhyw ddilledyn newydd erbyn y diwrnod, neu byddai rhyw anffawd yn debyg o gyfarfod yr esgeuluswr cyn diwedd y flwyddyn. Ond o fynd i'r eglwys yn drefnus ar fore Sul y Pasg, byddai popeth yn burion; a threulid y gweddill o'r Sabath yn y rhan fwyaf o fannau mewn chwaraeon a meddwdod. Ac ni fyddai'r ŵyl yn cael ei hystyried drosodd am ddeuddydd o leiaf ar ôl y Sabath. Yr oedd yn arferiad gan y llanciau i ddal y merched, ac ar ôl eu dal gosodid hwy mewn cadeiriau, ac yna cyfodent hwy oddi wrth y llawr deirgwaith yn olynol, gan ofyn am rodd am y gwasanaeth. Treulid o'r bore hyd hanner dydd gyda'r gorchwyl buddiol hwn. A thrannoeth byddai'r merched yn mynd trwy yr un seremoni ddigrifol o 'godi' y bechgyn.

Hen ddull o gasglu degwm: Yr arferiad cyn i ddeddf cyfnewidiad y degwm (*The Tithe Commutation Act*) ddyfod yn gyfraith y tir, oedd i'r offeiriad gytuno gydag amaethwyr ei blwyf ar swm i'w dalu yn lle degwm; a phenodid diwrnod i bob amaethwr oedd wedi cytuno i fynd i gyflwyno'r swm cytunedig i'r person. Weithiau methid cytuno; a gorfodid yr offeiriad i gymryd y degwm o'r meysydd amser y cynhaeaf gwair a'r cynhaeaf ŷd, neu i fod hebddo. Er mwyn arbed y drafferth a'r grwgnach a godai o'r drefn hon, arferid gosod y degwm i wŷr canol i'w gasglu am swm penodol o arian. Ymdrechai'r rhain, nid yn unig i gael tâl am eu llafur, ond elw personol oddi wrth y drafodaeth. Methai'r gwŷr canol yn fynych fargeinio gyda'r amaethwyr, a gorfodid hwy i fynd i'r meysydd amser y cynhaeaf a mynnu y degwm *in kind*. Y drefn arferol oedd i'r degymwr fynd i'r meysydd a chyfrif y cocynnau gwair a'r stwcanau ŷd, gan osod brigau deiliog ar ben pob degfed ohonynt fel ei eiddo ef.

Talu 'ebediw' (*heriot, myse*): Dirwy oedd i'w thalu gan bob etifedd a ddeuai i feddiant o dir, neu diroedd ar farwolaeth ei ragflaenydd, os byddai wedi dod i'w oed. Hefyd, yn yr hen amser, byddai'r hyn a elwid yn 'Bunt Dwng' yn cael ei thalu.

Codi caban un-nos: Credai ein hynafiaid os gellid codi math o gaban, ei doi, a chynnau tân ynddo, o fachludiad haul un dydd hyd godiad haul bore drannoeth, y byddai'r adeilad hwnnw, a'r tir fyddai dano, yn eiddo cyfreithlon iddynt hwy a'u hetifeddion dros byth. Cabanau tyweirch oeddynt, wedi eu codi ar gytiroedd. Ychydig yw nifer y cabanau un-nos erbyn hyn. Cymerwyd meddiant ohonynt a thynnwyd hwy i lawr gan arglwyddi y tir.

Taflu 'Ych': Ystyrid y gamp hon yn gryn orchest gan yr hen bobl. Wele'r dull y byddid yn mynd drwy y gwaith: gafaelai dyn yn ffroenau'r anifail gyda'i law aswy, ac yna ymaflai yn ei gorn gyda'i law ddeau, ac ar yr un adeg, rhoddai ei sawdl yn dynn tu ôl i droed deau'r anifail, a chasglai ei holl nerth, a thra'n pwyso ar y corn i lawr, troai y ffroen i fyny, a thaflai ef i lawr, gan beri i'r corn suddo i'r ddaear yn gyffredin. Yna gorweddai ar wddf yr anifail, ac wedi i'r gof rwymo ei draed wrth ei gilydd, gosodid polyn rhyngddynt a'i fol – un pen yn y ddaear a'r pen arall yn cael ei ddal gan drydydd person. Yna sicrheid dau glip bychan o haearn dan bob carn.

Chwipio'r Gath: Arferiad sydd wedi parhau hyd yn ddiweddar ydyw eiddo'r teilwriaid yn mynd o amgylch y wlad o'r naill dŷ i'r llall i weithio. Gelwid yr arferiad hwn o eiddo marchog y nodwydd yn 'chwipio'r gath'. A gelwid y diwrnod cyntaf yr elai pwythwr i dŷ i weithio yn 'Ddy'gwyl Deiliwr'. Arferai gŵr y tŷ gadw gwyliadwriaeth fanwl ar yrrwr y nodwydd pan fyddai wrth y gwaith o dorri'r brethyn, ac ymddengys nad yn hollol ddiachos y gwylid ef ychwaith. Y mae sôn eto am 'gabets y teilwriaid'. Wrth 'gabets' golygid y darnau o frethyn y byddai'r teilwriaid yn eu lladrata, neu eu 'cabetso'. Nid yn unig byddai teilwriaid yn mynd ar hyd y wlad i weithio, ond felly y cryddion yn yr un modd, a 'chwipio'r gath' y gelwid hynny hefyd.

Taflu Rhosmari i'r bedd: Yr oedd yn ddefod yn yr amser gynt mewn angladdau i bawb ddwyn yn ei law frigyn o Rosmari, a'i daflu i'r bedd gyda bod yr offeiriad yn terfynu'r gwasanaeth. Credent, wrth wneud hyn, eu bod yn 'arddangos eu ffydd mewn ail-fywyd ac atgyfodiad'.

Gosod celyn wrth ben drysau tai: Ar ffeiriau gynt gosodid pincyn o gelyn wrth ben drysau'r tafarndai yn arwydd fod yno gwrw a phorter ar werth.

Coed

Y Dderwen a'r Onnen: Y traddodiad yw, os bydd i'r dderwen ddeilio o flaen yr onnen y gallwn ddisgwyl blwyddyn ffrwythlon a hin deg: os bydd i'r onnen flaenori'r dderwen mewn deilio, y gallwn ddisgwyl haf oer a diffrwyth. Ystyrid y dderwen gan y Derwyddon yn gysegredig, a dywedai'r hen bobl ofergoelus y byddent yn arfer gweld y Tylwyth Teg yn dawnsio o amgylch y pren hwn ar amseroedd nodedig.

Y Gollen: Arferid y gollen yn arwyddlun anserch rhwng pobl ieuainc yn yr hen amseroedd. Os gwrthodai merch y mab a'i carai, rhoddai iddo wialen neu frigyn o gollen. Arferid credu bod taro neidr ond unwaith â ffon gollen fraith yn sicr o'i lladd; ond na wnâi'r un pren arall hynny. Defnyddid y gollen gan ein hynafiaid hefyd fel ffon ddewinol (*divining rod*) i'w rhoddi ar ei phen yn y ddaear, lle y dywedid y byddai trysorau cuddiedig neu feteloedd, a dywedid y gwnâi ogwyddo at y lle y byddai'r naill fetel neu'r llall. Hefyd, defnyddid y gollen wrth chwilio pa le i gael dwfr, a byddid yn arfer gosod gwiail cyll mewn beddau er gwrthweithio dylanwad niweidiol yr 'un drwg' ar gyrff ac eneidiau'r ymadawedigion.

Y Fedwen: Arferid y fedwen yn arwyddlun serch rhwng mab a merch. Os byddai merch yn caru'r mab a'i carai, fe roddai hi iddo gangen o fedwen, yn gyffredin wedi ei phlethu yn gae neu dalaith. Ystyrid y pren hwn yn hyfrydwch anwyliaid. 'O bren bedw hefyd y gwneid Pawl Haf yn yr hen amser, ac oherwydd hynny gelwid ef yn gyffredin Bedwen Fai, ac weithiau dim ond 'Bedwen' yn unig. Chwaraeid gwahanol chwaraeon a chynhelid gwahanol gampau o gylch y fedwen hon. Pan godid hi mewn pentref, y pwnc mawr oedd ei chadw rhag cael ei dwyn ymaith, canys ar ei chadw yr oedd clod y pentref yn dibynnu; ac nid gwaith hawdd oedd hyn bob amser, gan y byddai pleidiau o leoedd eraill yn wastad ar eu gwyliadwriaeth yn barod i'w lladrata, pa bryd bynnag yr ymgynigiai cyfle iddynt'. (*Brython*, 1860, tud.65.)

Y Gerddinen: Ystyrid hon yn gysegredig, oblegid dywedid mai ohoni hi y gwnaed y Groes Fendigaid, ac mai hyn yw'r rheswm fod ei ffrwythau mor debyg i ddefnynnau o waed. Byddai'r werin gynt yn arfer rhoddi canghennau ohoni mewn beudai ac ystablau, er achles i'r anifeiliaid, rhag eu rhegi gan deulu'r rhaib. Gosodid ei brigau mewn cwterydd lle byddai y defaid yn mynd drwyddynt, er mwyn iddynt gyfebru'n llwyddiannus ac i'w cadw'n iachus. Hefyd, byddai'r ofergoelus yn cario brigyn o'r pren hwn yn eu llogell neu eu mynwes rhag i neb o'r teulu edrych yn gam arnynt, ac arferid rhoddi'r dail o dan y fuddai i helpu'r llaeth gorddi. Credid os llosgai neb y pren neu goed criafol, na fyddai dim llwyddiant ar anifeiliaid y troseddwr. Dywedid yr arferid eu taflu'n bentyrrau i ryw geunentydd rhag iddynt gael eu llosgi, fel na ddigwyddai anffodion i'r 'da byw'. Adroddir hefyd am rin y pren hwn mewn cysylltiad â chylchau'r Tylwyth Teg. Un ffordd lwyddiannus i garcharor o'i gafaelion ydoedd taflu cangen o'r criafol ar draws eu cylch; y foment y cyffyrddai'r caeth â'r gangen agorid ei lygaid, a gallai ddychwelyd yn ddirwystr at ei deulu.

Y Pren Afalau: Roedd gweld y pren afalau yn blodeuo'n anamserol yn arwydd sicr o farwolaeth ei berchennog yn ystod y tymor hwnnw.

Y Pren Yw: Dywed traddodiad wrthym i'r arferiad o blannu Yw mewn mynwentydd ddod yn arfer oherwydd yr ystyrid y pren yn arwydd o anfarwoldeb yr enaid.

Helygen: Arferid rhoddi capan o frigau'r helygen i ddyn ieuanc pan ddigwyddai i'w gariadferch briodi ag un arall.

Y Ddraenen: Defnyddid grawn y *ddraenen wen* i'w berwi mewn llefrith i wella'r darfodedigaeth, a'i rhisgl i dynnu draenen o gnawd. Defnyddid y *ddraenen ddu* i chwilio allan am ddŵr i 'sincio pwmp', fel y dywedir.

Amrywiaeth

Brenhinbren y Ganllwyd: Dywedir fod 'Brenhinbren y Ganllwyd' neu'r 'Pren Teg', y goeden harddaf a'r fwyaf a welwyd ers oesoedd yng Nghymru. Cofnodir amdani yn yr hen bennill canlynol:

> 'Brenhinbren y Ganllwyd', bren tirion fe'i torrwyd,
> Mewn bariaeth fe'i bwriwyd o'r aelwyd lle'r oedd;
> Fe dyfodd yn gadben, ni 'fisiodd' un fesen,
> Ar goedydd Glyn Eden glân ydoedd.

Pan welodd Llywelyn Ddu o Fôn y pren hwn, fe ddywedodd:

> Synnaist, rhyfeddaist fyfi, – y'th gwmpas,
> A'th gampus faintioli;
> Oes ddifreg, pren teg wyt ti,
> Disgleirwych, eist â'r glori.

> Brenhinbren, brithlen y Berthlwyd, – fe'th dorrwyd,
> Ow'th dyrau wasgarwyd;
> Union did gwych, pren teg wyd,
> Trigainllath, twr y Ganllwyd.

Triawd y Pren Yw: Tair prif ywen Meirion, – ywen Mallwyd, ywen Llangower, ywen Llanymawddwy; a'r fwyaf o'r rhai hyn, ywen Mawddwy.

Clychau Llyn y Bala: Dywed traddodiad fod Dinas o dan y llyn, ac y gellir clywed ar ambell hirnawn haf swn clychau filoedd yn dod i fyny drwy'r dyfroedd tawel. Dywedir ymhellach mai bendith fydd i'r hwn a'u clyw.

Y Cnocwyr: Byddid gynt yn clywed ym mynydd y Glasdir, ac o gwmpas Dolyfrwynog, dwrf saethu a gweithio yn eigion daear. Clywyd hefyd, lawer gwaith, swn ergydion o gylch Cwm-heision, megis arwyddion o fwnai tanddaearol.

Dywed Robert Fychan o'r Hengwrt, mewn llythyr at Lewis Morris (Llywelyn Ddu o Fôn), fod y Cnocwyr yn bethau pur gyffredin oddeutu ei annedd ef. (*Taliesin* i., 136.)

Y 'Canu yn yr Awyr': Am yr hen gred swynol hon, diau ei bod yn dra chyffredin yng Nghymru hyd o fewn oes neu ddwy yn ôl. Yn hanes 'Yr Hynod William Ellis, Maentwrog', dywedir: 'Byddai'n myfyrio llawer ar y byd ysbrydol a'i breswylwyr. Soniai am yr angylion da a drwg fel pe buasent ei gymdogion agosaf. Rhoddai rhai yn ei erbyn ei fod yn ofergoelus, gan y byddai'n rhoddi coel ar freuddwydion, ymddangosiad ysbrydion, a gweinidogaeth angylion. Dywedai wrth bregethwr unwaith, pan yn ymddiddan ar hyn, "Y mae'r angylion yn ymladd llawer drosom i gadw'r cythreuliaid rhag ein niweidio. Y mae yn swydd ddigon sâl iddynt hefyd, a ninnau yn rhai mor ddrwg". Gofynnai'r pregethwr, "A ydych yn meddwl eu bod yn dod i'n byd ni o gwbl?" "O, ydynt," ebe yntau, "ac y mae *guard* ohonynt yn dyfod i nôl pob dyn duwiol. Daethant i nôl Richard Jones o'r Wern dipyn bach yn rhy fuan; yr oedd o heb fod yn hollol barod. Darfu iddynt hwythau ganu pennill uwchben y tŷ, i aros iddo fod yn barod, ond doedd neb yn deall y geiriau na'r dôn ychwaith: iaith a thôn y nefoedd oeddynt." Yr oedd rhai o'r cymdogion yn dweud fod sŵn canu nefolaidd uwchben Rhosigor – y tŷ lle bu Richard Jones farw ynddo – ychydig amser cyn iddo ehedeg ymaith; a dyna ydoedd esboniad William Ellis arno.'

Drain Hanesyddol: 'Ceir seting pigawg-ddrain yng ngardd palasdy Cors y Gedol yn Ardudwy, yr hon a gedwid gynt yn drefnus a gofalus, am y dywedir i un o'r hen dywysogion Cymreig fod yn ymguddio mewn ysgwâr ddirgel yn ei chanol.'

Gwaed Annileadwy: 'Hen draddodiad lled fyw ydyw i ddyn a elwid yn "Siopwr Coch", yr hwn a werthai bob math o emau a pherlau gwerthfawr, tra yn lletya yn Fachwen, gael ei lofruddio yno, a bod ei waed hyd y dydd hwn i'w weld ar fur yr ystafell lle y cysgai; ac er golchi ac ysgwrio'r mur, ac arfer pob moddion er symud ymaith olion y gwaed, ymddengys yr ysmotiau yno er y cwbl.'

Oes Hir: 'Dyma draddodiad a gariwyd o'r naill genhedlaeth i'r llall am deulu a drigai gynt yn ffermdy Nantcol, yn Ardudwy. Un diwrnod curwyd y mab ieuengaf gan ei dad, nes y penderfynodd ymadael â'i gartref. A phan yn ymdaith felly trwy Ddrws Ardudwy, daeth teithiwr yno i'w gyfarfod; ac wedi deall ei hanes, methai â dyfalu pa fodd yr oedd ganddo dad yn fyw yn abl i'w guro, ac yntau (y mab) mor hen ac oedrannus, penwyn a gwynebrychog. Wedi cyrraedd Nantcol canfu hen ŵr gwargam, gwyrog, fel un yn chwilio am ei fedd, yn dodi gwair i mewn yn nhaflod y beudy. "Helo!" ebe'r teithiwr, "paham y curasoch eich mab mor dost?" "Ni fu dyn

"Ni fu dyn erioed eisiau ei guro yn fwy," meddai'r Methusela byrgoes a gwargam, "beth pe clywsech sarugrwydd y llefnyn coeglyd tuag at ei daid a'i nain y bore hwn." Pwy na ddymunasai fyw yn yr oes hirhoedlog honno, onide?

Ôl traed buwch: 'Uwchlaw i Hendre Eirian, yn Ardudwy, ar garreg ar fin y ffordd, ceir dau neu dri o olion traed buwch; a mynn traddodiad ddweud i draed buwch a ladratawyd o ffridd yn agos i'r fan, lynu yn y garreg, hyd nes i'w pherchennog ddod yno i'w hawlio.' (*Cymru*, 1895, tud.253.)

Y Lloer: Gweld y lloer newydd drwy ffenestr sy'n arwydd mai mis o annedwyddwch a geid. Os y'i gweld yn yr awyr agored, argoel ffafriol ydoedd. Yr oedd gweld lleuad newydd am y tro cyntaf heb ddim arian yn y llogell yn anlwcus.

Yr Hirlwm; sef 'mis Mawrth': 'Ni wyddom a arferir yr enw hwn ar y mis llofruddiog trwy'r sir yn gyffredinol, ond fe'i clywir gan hen drigolion plwyf Ffestiniog yn fynych; ac fel llawer gair ar lafar gwlad, mae'n dra nodweddiadol o gymeriad y cyfnod a ddynoda. Rhyw adeg agored ydyw rhwng gaeaf a gwanwyn, ac fel y dywed Edmwnd Prys, "Llwm yw'r ŷd lle bo'r adwy". Mae'r hyn a ddarbodwyd ar gyfer y gaeaf yn mynd yn brinnach, brinnach, ddydd ar ôl dydd, ac y mae'r pryder ynghylch ei barhad hyd nes y bydd Anian wedi dadebru i gyfrannu ei bendithion yn mynd ar gynnydd i'r un graddau. Dywedai hen gyfaill diddan chwedl a glywais lawer blwyddyn yn ôl am hen ŵr o'r ardaloedd hyn a briodasai wraig o'r iseldiroedd. Yn ôl ei arfer, tua chalangaeaf, prynodd yr hen ŵr gosyn cartref, a daeth ag ef adref ar ei gefn, gan ddweud wrth ei asen, "Hwda, Modlan, cadw fo nes daw'r Hirlwm – bydd yn dda i ni wrtho'r pryd hynny". Yn unol â'r gorchymyn, rhoed y cosyn o'r neilltu, ac ymhen rhyw ddeufis daeth cardotyn i guro wrth y drws. Wedi gwrando ei gais, a rhoddi crystyn i'r tramp, gofynnodd y wraig ei enw. "Hirlwm," ebe yntau. "Wel, yn wirione' i," ebe hithau, "y mae'n dda 'mod i wedi gofyn, achos mae John yma wedi cadw cosyn i chi er's c'langaea', a rwy'n siŵr y bydd yn dda gennych ei gael." Gyda hynny aeth i'r ystafell, a dygodd y cosyn yn ei grynswth, a rhoddodd ef i'r cardotyn. Ni wyddom beth a ddywedodd y gŵr pan ddychwelodd o'i waith.

Amrywiol Goelion

Yr oedd gweld dau bin neu ddwy nodwydd ar draws ei gilydd, yn arwyddocâd y deuai croesau i gyfarfod yr hwn a'u gwelai.

Credid os byddai plentyn yn fwy hengall a phert na'r cyffredin mai oes fer a gaffai hwnnw.

Cloch yn y glust dde a ddygai newydd â'i lond o lawenydd.

Cloch yn y glust chwith a ddygai newydd drwg; ac ambell waith arwyddai farwolaeth rhyw gâr neu berthynas agos.

Blwyddyn doreithiog o gnau: argoel ydoedd y genid llawer o blant y flwyddyn ddilynol.

Roedd cymryd y frechdan olaf oddi ar ddesgl wrth bryd bwyd yn arwydd y deuai'r un a'i cymerai i dlodi ac angen.

Roedd cosi ar y trwyn yn arwydd sicr fod ein gelynion yn cynllunio drwg yn ein herbyn.

Ystyrid hi'n beth anlwcus i neb fynd i dŷ gyda'r troed chwith yn gyntaf.

Ystyrid mai peth anlwcus ydoedd i un chwibianu neu ganu cyn borefwyd, ac nid lwc a ddeuai i ran yr hwn a adroddai ei freuddwydion cyn borefwyd.

Roedd marc sgwâr o ddail te yng ngwaelod y gwpan wedi gorffen yfed te, yn dangos y caffai'r hwn a'i gwelai lythyr ffodus yn fuan.

Roedd nodau gwynion ar ewinedd y dwylo'n rhagarwyddion teg o lwyddiant a chyfoeth.

Dilynid cosi ar y llygad dde gan lawenydd; croesineb neu alar a ddigwyddai i ddilyn cosi ar y llygad chwith.

Os digwyddai i ddyn, pan ar neges neilltuol, gyfarfod â merch neu wraig ar y ffordd gallai benderfynu ar unwaith mai siomiant a ddeuai i'w ran.

Yr oedd meth cynnau tân yn anlwc i amryw bethau, megis newyddion drwg, afiechyd, a marwolaeth.

Yr oedd colli eardas yn arwydd bod ein cariad yn sôn amdanom.

Pwy bynnag a disiai'n blygeiniol yn y bore, a dderbyniai anrheg yn lled fuan.

Pigion

Arwyr

Craig March Arthur: Yn un o'r cymoedd rhwng Pennal ac Aberdyfi, y mae 'Llyn Barfog'. Dywed trigolion gororau'r llyn i'r Brenin Arthur a'i farch rhyfel dynnu afanc dinistriol ohono: ac i brofi hynny dangosir ôl carn y march ar graig gyfagos.

Bwrdd Arthur: Carreg fawr wastad, darn o gromlech yn ôl pob tebyg, ym mhlwyf Llandrillo, cantref Edeyrnion.

Coetennau Arthur: Tair cromlech yn Nyffryn Ardudwy. Dywedir i Arthur eu taflu fel coetennau o ben y Moelfre, y mynydd y saif pentref y Dyffryn wrth ei odre. Credai pobl y Dyffryn fod argraff bysedd Arthur ar un ohonynt, yn mesur deunaw modfedd o hyd.

Cawres Moelfre: Tua hanner y ffordd rhwng Moelfre a Llyn Urddyn mae anedd-dy hen gawres, lle a adwaenir fel 'Craig y Ddinas'. Dywed traddodiad i Gawres y Moelfre feddwl am godi palas ar gyfer y Moelfre. Wrth gario tunelli lawer o gerrig yn ei ffedog at y gwaith torrodd llinyn honno a disgynnodd ei chynnwys yn un pentwr ar fron y mynydd, ac yno y mae 'Baich y Gawres'. Dywedir iddi roi genedigaeth i faban gerllaw, ac iddi ei ddodi i orwedd ar garreg bantiog, aruthrol o fawr, lle a elwir hyd heddiw yn 'Crud y Gawres'.

Corwena: 'Ffedogaid y Gawres Corwena' y gelwir y cruglwyth cerrig sydd i'w weld ar Ben-y-Gaer, mynydd ar du gogleddol tref Corwen.

Derfel Gadarn: Mab i Hywel ab Emyr Llydaw, un o filwyr Arthur. Yn yr hen amser, yn Llandderfel yr oedd delw a elwid yn 'Delw Derfel Gadarn'. Yng nghorff y ddelw yr oedd math o beirianwaith yn gwneud i'r llygaid agor a throi oddi amgylch. Parai'r ddyfais, hefyd, i aelodau'r ddelw symud megis ohonynt eu hunain; trwy yr hyn y bu gwerin ofergoelus yn cael ei thwyllo am amser hir. Cymerwyd y ddelw i Lundain ym Mai, 1538, a llosgwyd hi yn Smithfield. Rai blynyddoedd yn ôl yr oedd nifer o hen greiriau a berthynai i Derfel ynghadw ym mhersondy Llandderfel, sef 'Ceffyl Derfel' a 'Ffon Derfel'. Uwchlaw'r persondy y mae cae a elwir yn 'Bryn Derfel'. Yma ymgynullai pobl ar y Pasg er mwyn marchogaeth 'Ceffyl Derfel'. Yr oedd y 'ceffyl' wedi ei osod ar bawl [polyn] lledorweddog a gysylltid â phawl arall unionsyth oedd yn gorffwys ar golyn (*pivot*). Gafaelai'r marchog mewn croesffon oedd ynglŷn wrth y ceffyl, a chwyldroid ef o amgylch y pawl unionsyth, fel ar geffyl pren mewn ffair.

Idris Gawr: Arsyllfa seryddol Idris Gawr oedd crib y mynydd uchaf ac enwocaf ym Meirion, sef Cader Idris. Wrth odre'r Gader y mae Llyn y Tri Greyenyn, y ceir ar ei lan dair carreg anferth. Yn ôl traddodiad, fe dynnodd Idris y rhain o'i esgidiau pan oedd yn cychwyn i fyny i'w gadair. Dro arall bu'n taflu cerrig: taflodd un i fynydd yr Hengae yn Aberllyfeni; yr ail i Ddolyfeili, ar ochr y ffordd islaw'r Garneddwen, wrth droed yr Aran; a'r drydedd i Lychedris, neu Lech-Idris, ym mhlwyf Trawsfynydd.

Owain Glyndŵr a Hywel Sele: Yng nghwrr gardd Nannau safai gynt hen geubren cafniog, a byddai pobl yn cael eu haflonyddu wrth fynd heibio iddo. Yn amser Owain Glyndŵr yr oedd Hywel Sele yn arglwydd y llys. Yr oedd yr Hywel hwn wedi troi'n fradwr, ac er ei fod yn gefnder i Owain, yr oedd yn gwastadol ymgyfathrachu â'r Saeson. Pan oedd Glyndŵr yn cadw ei lys yn Nolgellau, ceisiodd Abad y Fanner heddychu y ddau. Dygwyd y ddau at ei gilydd; aethant i'r parc i chwilio am garw. Yr oedd Hywel yn cael ei gyfrif yn un o'r saethwyr gorau ym Mhrydain. Pan yn y nant, yng ngodreon Coed y Moch codwyd carw. Gofynnodd Owain iddo ddangos ai gwir oedd yr haeriad amdano. Ar hyn anelodd yntau, ond pan yn gollwng y saeth, troes ar ei sawdl, ac yn lle ei chyfeirio at y carw, plannodd hi ym mynwes Owain; ond yr oedd gan y tywysog lurig ddur o dan ei wisg filwr, ac felly ni fennodd ddim arno. Lladdodd Owain y saethwr a chafodd gymorth Madog ap Gwyn o'r Ganllwyd i daflu ei gorff i'r hen geubren cyfagos. Llwyr-gollwyd Hywel.

Y noson y digwyddodd y ffrwgwd yr oedd cwmwl du yn ymdroi o gwmpas y Gadair [Cadair Idris], a chyn pryd gosber yr oedd llen dew wedi ymdaenu dros yr holl fro; a gwelid tân gwelwlas yn ymfforchi o'i phen, ac yn croesi ac yna'n disgyn wrth odre Moel Orthrwm. Ambell dro meddylid fod y coed oll yn chwilfriwio gan rym erchyll rhyw fodau cynddeiriog a ymgordeddai o'u cylch, a ffaglai y Foel ar brydiau fel pe'n un oddaith anferth. Yr oedd yno sgrechfeydd echrydus yn llenwi'r awyr.

Tawelodd drachefn, ond parhai ar brydiau i gythryblu'r fro, a llawer canwaith y gwelwyd fflamau gwyrddlas yn ymdroelli o gwmpas y ceubren, a dolefiadau cythreulig yn dod ohoni! Dyma fwgan Ceubren yr Ellyll.

Ymhen llawer o flynyddoedd cafwyd gafael ar gorff Hywel, a chladdwyd ef yn barchus yn y fynachlog. Ond ni pheidiodd y blinder er hynny. Parhaodd y ceubren i drwblo nes, o'r diwedd, iddo gwympo ar noswaith o dymestl fawr yn y flwyddyn 1813. [O *Taliesin*]

Cadair Owain Glyndŵr: Lleolir hi ar fynydd y Berwyn, o'r tu cefn i Eglwys Corwen. Dywedir fod Owain wedi taflu dagr o'r lle hwn ac iddi hi, wrth syrthio ar garreg, adael ei hôl arni am ei holl hyd, a thua modfedd o ddyfnder. Y mae'r garreg hon yn awr ym mur deheuol yr Eglwys.

Ogof Owain Glyndŵr: Tua'r flwyddyn 1405 digwyddodd anffodion lu i Owain. Gorfu iddo ffoi am ei einioes, gan lechu mewn lleoedd dirgel ac anghyfannedd. Ym min y môr ym mhlwyf Llangelynnin y mae ogof a adwaenir fel 'Ogof Owain Glyndŵr', lle y bu'n ffoadur truan am ysbaid, gyda chyfaill iddo o'r enw Ednyfed ab Aaron yn danfon bwyd iddo.

Dr Dafis o Fallwyd a'i Was: Yr oedd yr hen Ddoctor Dafis yn un deheuig yn y gelfyddyd ddu. Un tro roedd y gwas yn mynd gyda'i feistr tros afon Dyfi a, chan ei bod yn llif trochionllyd, ni wyddent sut i groesi. Dywedodd y Doctor wrth ei was am fynd dros y clawdd i ddal ceffyl oedd yno. Aeth y gwas ac, yn wir, yr oedd ceffyl llyfndew yn y fan. Daliodd ef, ac aeth ef a'i feistr ar ei gefn. Ond pan oeddynt ynghanol yr afon, diflannodd y ceffyl, ac yr oedd y ddau'n cael eu taflu o'r naill raeadr i'r llall. Ond o'r diwedd cawsant y lan, heb gael un niwed ond trochfa dda.

Edmwnd Prys a Huw Llwyd: Yr oedd y ddau ŵr enwog hyn yn gyfeillion mawr yn eu dydd. Yn ôl chwedlau'r hen oesoedd, yr oeddynt ill dau yn enwog am 'godi cythreuliaid'. Un tro, ar ddygwyl ffair Maentwrog yr oedd Huw Llwyd mewn tafarn yn yfed pan welodd yr Archddiacon Prys yn cerdded yr heol, a galwodd arno i mewn i gael rhan o'r gyfeddach. Ni fynnai'r Archddiacon ymostwng i hynny, a thrwy rym ei gelwyddoniaeth parodd i ddau gorn eidion dyfu mewn munud, un o bobtu pen Huw Llwyd, fel na allai dynnu ei ben yn ôl o'r ffenestr. Ac yno y bu nes y gwelodd yr Archddiacon yn dda i'w ryddhau.

Ond wrth i'r Archddiacon fynd adref i'r Tyddyn Du y noson honno, talwyd iddo yn ei arian ei hun. Yn ymyl y tŷ yr oedd 'cafn gwyllt', yn cario dŵr dros y ffordd i ben olwyn ddŵr, yn rhidwll. Y funud yr oedd yr Archddiacon yn mynd o dan y cafn diferllyd hwn, dyma un neu ragor o gythreuliaid Huw Llwyd yn ymaflyd yn ei war, ac yn ei ddal o dan y diferion nes yr oedd yn wlyb drwyddo.

Lowri Wynn[e] y Lasynys: Dywedid y byddai ysbryd Lowri Wynne [diweddar wraig gyntaf y Bardd Cwsg] yn dod ar brydiau i'r Lasynys, ac yn gwneud cryn dwrf oddeutu cafnau'r moch. Un noson aeth Ellis Wynne allan ati, a bu'n ymddiddan efo'r ddrychiolaeth. Y canlyniad fu, na chaed byth wedyn ddim anesmwythder na thrallod oherwydd ymweliadau nosawl Lowri.

Enwau Lleoedd

Beddau Gwŷr Ardudwy: Ar fynydd y Migneint ym mhlwyf Ffestiniog.

Bron yr Erw: Lle rhwng y Traeth Mawr a'r Traeth Bach ym mhlwyf Llanfihangel-y-Traethau.

Bwlch Oerddrws: Deuir ato trwy esgyn Rhiw serth ar y ffordd o Ddinas Mawddwy i Ddolgellau.

Bwlch y Rhiwgyr: Y mae'r bwlch hwn ar y mynydd rhwng Dolgellau a Dyffryn Ardudwy, a rhed yr hen ffordd o'r lleoedd hyn drwyddo.

Cae Dafydd: Neu Cae Dafydd Nanmor, sef parth o Sir Feirionnydd, gerllaw Beddgelert.

Cors Ddwyfil: Llecyn gwastad ynghanol y mynyddoedd ym mhlwyf Llandecwyn.

Gwely William Phylip: Bwthyn dirgeledig a wnaeth iddo ei hun yn ystod y Rhyfel Cartref, uwchlaw ei dŷ yn Ardudwy.

Moel Gwydion: Mynydd heb fod nepell o Ffestiniog. Y mae ar ei ben hen wersyllfa Frytanaidd ac iddi dri o furiau cedyrn.

Pabell Llywarch Hen: Yn Rhiwaedog ym mhlwyf Llandderfel.

Llysenwau Lleoedd

Gwylliaid Cochion Mawddwy; Gwybed Mawddwy; Witshus Coedystumgwern; Pobl Wrol Corris; Lloeau Llandrillo; Llanfachraeth yr Uwd Tew; Byddigions Llandderfel a Duwciaid y Bont [Rhydlydan]; Brain Harlech; Ffyliaid y Bala; Gweryrod Llanuwchllyn; Cŵn Edeyrnion.

Tylwyth Teg

Ym Marchnadoedd y Bala: Byddai'r Tylwyth Teg ent yn arfer mynd i farchanoedd y Bala a chadw sŵn mawr heb i neb eu gweld. Yr oedd hynny'n arwydd fod y farchnad ar godi.

Clychau'r Tylwyth Teg: Dyna y gelwir y cylchlys, a chlychau'r eos am y tybid fod clustiau'r Tylwyth Teg yn ddigon tenau i glywed tincial y clychau bychain hyn.

Y Tylwyth Teg a Bedydd: Credid fod yr ordinhad yn amddiffyniad yn erbyn ystrywiau'r Tylwyth Teg.

Cyffwrdd â Haearn: Yr oedd aelod teulu neilltuol o Ardudwy wedi priodi un o ferched y Tylwyth Teg. Ar ddydd eu priodas yr oedd hi wedi ei rybuddio nad oedd math o haearn i ddod i gyffyrddiad â hi. Un bore o haf, wrth gneifio ar gwrr y Moelfre, yn ddifeddwl dododd wellaif yn ei llaw, ac mewn eiliad diflannodd am byth.

Gwiberod a Seirff

Y Bachgen a'r Neidr: Heb fod ymhell o Fallwyd yr oedd bachgen bach yn chwarae ar y lawnt, a'i gydymaith yn gyffredin oedd cloben o neidr frech, ddolennog. Rhyw ddiwrnod, ynghanol y chwareufa, digwyddodd y bachgen sathru llosgwrn [cynffon] y neidr, a throes hi ato'n fileinig, a phigodd ef yn ei droed yn ofnadwy. Ymhen deuddydd pwy a welwyd yn ymgordeddu am bost gwely'r bachgen claf, efo dyrnaid o ddail yn ei phig, ond y neidr, a rhoddodd hwy ar archoll y claf, ac ni fu'r bachgen yn hir heb ddod allan drachefn yn holliach i gyd-chwarae gyda'i hen gydymaith.

Gwiber y Dugoed: Un tro'r oedd gwiber fawr yn peri llawer o flinder i drigolion Cwm Dugoed, Mawddwy. Methid yn lân wybod pa fodd i gael gwared ohoni. Ond daeth i feddwl rhywun fod y wiber yn ofnadwy o elyniaethus i bopeth o liw coch. Rhoddodd bawl [polyn] yn y ddaear, a chysylltodd wrth ei ben fath o dryfer [picell] wedi ei gorchuddio â phais goch. Pan ganfu'r wiber hon aeth yn gynddeiriog a rhuthrodd yn erbyn y dryfer guddiedig gyda'i holl allu, nes o'r diwedd wrth geisio darnio'r bais goch fe bicellodd ei hun i farwolaeth. A'r wlad a gafodd lonydd.

Cyfres Llyfrau Llafar Gwlad – rhai teitlau